¡Sé un Jefe Increíble!

El Modelo de las Cuatro *C's* para el Éxito del Liderazgo

C

Tim Burningham

A *TAB* Original
Houston, Texas

PO BOX 5156
Houston, TX 77325

Distribuido por The Awesome Boss LLC

Para información sobre pedidos o descuentos especiales para compras al por mayor, por favor contacte The Awesome Boss LLC at PO Box 5156, Houston, TX, 77325, o, betheawesomeboss@gmail.com.

Library of Congress Cataloging-In-Publication Data

Burningham, Tim.

Be an awesome boss : the four c's model to leadership success / Tim Burningham, 1st ed.
p. ; cm.

Issued also as an ebook.

ISBN: 9798707579974

1.   Leadership effectiveness. 2. Organizational culture 3. Business I. Title

Impreso en los Estados Unidos de América

Primera Edición

TAB 05 17 06 09 18 20 30

Contenido

Para todos los líderes que me han mostrado lo que se necesita para ser un jefe increíble.

Introducción

¿Alguna vez has trabajado para un gran jefe? ¿Uno con el que sabías que podías contar, que se preocupaba por ti, que te inspiraba y te hacía querer seguirlo? ¿Qué impacto tuvo en tu vida?

¿Alguna vez has trabajado para un mal jefe? ¿Uno que te volviera loco, al que temieras ver, para el que no pudieras soportar trabajar? ¿Cómo fue tu vida trabajando bajo ese líder?

Con los años, me he dado cuenta de la importancia de un buen jefe en la vida de cada persona.

En mi carrera, he tenido la oportunidad de trabajar con muchos jefes diferentes. He observado una amplia gama de estilos de liderazgo y gestión. Algunos de estos líderes eran jefes fenomenales, mientras que muchos otros luchaban. Todos, o al menos la gran mayoría, querían ser buenos jefes. Y de aquellos que encontraban el liderazgo desafiante, no era que fueran malas personas. De hecho, muchos de ellos son algunas de las mejores personas que conozco. Sin embargo, demasiada gente buena encuentra difícil tener éxito como jefe. Esto no solo afecta negativamente a los propios individuos, sino que también tiene grandes ramificaciones en las vidas de los que lideran y sus organizaciones.

¿Y si no tuviera que ser así? ¿Qué pasaría si cualquier persona que deseara convertirse en un gran jefe pudiera serlo?

¿Y si hubiera un modelo o marco simple que todo líder pudiera utilizar para ayudarles a tener éxito? ¿Y si no hubiera más jefes malos?

He escrito este libro para iniciar una ola de liderazgo efectivo y para equipar a los líderes con un modelo que les ayude a tener éxito.

Muchos estudios han demostrado que la satisfacción en el trabajo está fuertemente correlacionada con la relación que uno tiene con su supervisor directo, su jefe. De hecho, la mayoría de las personas no se alejan de una organización o empresa, o incluso de un trabajo específico, sino que se alejan de un jefe. Una y otra vez, he visto a buenos empleados, empleados valiosos, dejar una organización que necesitaba que se quedaran. En mis entrevistas formales e informales con aquellos que han elegido dejar sus empresas, en muchos casos no querían irse. En la mayoría de los casos habrían preferido quedarse. Pero debido a su mala relación con su supervisor directo, su jefe, se sintieron obligados a irse.

El capital humano es el activo más importante para cualquier organización en el siglo XXI. Y la accesibilidad y facilidad tanto para los candidatos que ven nuevas oportunidades de trabajo como para los reclutadores y competidores para conectarse con posibles candidatos para sus puestos vacantes, han creado una necesidad aún mayor de que las empresas y los líderes hagan todo lo posible para retener a su personal más valioso. Los empleados no soportarán a los malos jefes como solían hacerlo. Ya no tienen que hacerlo. Y millones y millones de dólares son desperdiciados por organizaciones de todo el mundo en la interminable lucha de reclutar, entrenar y contratar nuevo personal.

Ahora más que nunca, es hora de que las empresas hagan todo lo posible para retener a sus talentosos y valiosos miembros de equipo. Ahora es el momento de que cada organización haga todo lo posible para ayudar a sus líderes a convertirse en jefes exitosos. Ahora más que nunca, los jefes y líderes individuales deben buscar formas de maximizar su eficacia. Ahora es el momento de ayudar a los empleados, a cada uno, a tener un jefe increíble.

Ya seas un director ejecutivo de una gran organización o un supervisor de nivel inicial en una pequeña o en cualquier lugar intermedio, este libro es para ti. Las personas que trabajan para ti se lo merecen. Tú te lo mereces. ¡Es hora de ser un jefe increíble!

¡Sé un Jefe Increíble!

El Modelo de las Cuatro *C's* para el Éxito del Liderazgo

La Fábula

Promoción

Martin Bremer, más conocido como Marty en la oficina y en la empresa donde trabajaba, había esperado este día desde que entró en la escuela de negocios hace muchos años. Había trabajado duro, dedicando largas horas, incluso sacrificando muchos fines de semana y mucho tiempo personal para llegar a este punto de su carrera. Ahora Marty estaba a punto de convertirse en el director ejecutivo más joven en la historia de Wiser Care, Inc., aunque esto no sorprendió a nadie que hubiera estado en la organización por mucho tiempo debido a su impresionante trayectoria, lo que sí sorprendió fue al centro de atención médica que fue elegido para dirigir.

El Problema

Para Marty, el ascenso fue un paso emocionante en su ya muy exitosa joven carrera; sin embargo, hubo un problema que disminuyó un poco su entusiasmo. En realidad, estaba empezando a parecer un gran problema para Marty. Estaba a punto de reemplazar a una leyenda de Wiser Care, Inc., y aunque confiaba en que tendría éxito en su nuevo rol, tuvo que admitir que las burlas y bromas de sus colegas sobre tener que seguir al "gran" Daniel Rosier le inquietaban un poco.

Daniel Rosier, o *Dan el Hombre* como la mayoría lo conocía, un nombre que sus reportes directos le habían dado cariñosamente hace muchos años y que todavía lo llamaban así hasta hoy, había dirigido el centro más exitoso de la compañía por dos décadas. Desde los premios más importantes hasta los números récord, Dan estaba aparentemente en la cima del mundo cuando se trataba de su éxito como CEO de Wiser Care. Era venerado y respetado por sus colegas, amado y admirado por su personal, y bien conocido como uno de los principales talentos y héroes legendarios de la empresa. De hecho, la tradición de Dan Rosier era de sacrificio, liderazgo legendario y hacer lo que él personalmente sentía que era mejor para la empresa con el fin de lograr los más altos resultados.

Después de muchos años de servicio y de un éxito sin precedentes, Dan se retiraba finalmente, y Marty había sido elegido como su sustituto. Marty sabía que tenía mucho trabajo por delante. Por primera vez en su carrera, comenzó a sentirse un poco incómodo, preguntándose si el trabajo duro, la lealtad, el ingenio, la confianza y la innegable dedicación, todas las cosas que le habían ayudado hasta este punto de su carrera, serían suficientes. Después de todo, Marty nunca antes había administrado un centro de atención médica completo. Claro que había dirigido equipos en proyectos especiales, cubierto las transiciones de liderazgo y supervisado diferentes departamentos en los centros de atención médica de Wiser Care, pero esas oportunidades eran muy diferentes a esta. Marty se estaba convirtiendo en el máximo responsable de la toma de decisiones como director general de un centro de salud, un pensamiento que era a la vez emocionante e intimidante. Y no cualquiera se convertía en CEO de Wiser Care, Inc. El hecho de que Marty recibiera este ascenso a una edad tan joven, dice mucho sobre cómo la compañía veía su valor y su contribución hasta ahora. Marty había tenido éxito, lo sabía, y ahora estaba a punto de convertirse en el líder de uno de los centros de atención médica más prósperos de toda la empresa.

Relevado

Marty se sintió mejor inmediatamente después de hablar por teléfono con Dan el jueves por la mañana. Se suponía que Dan se iría el viernes y comenzaría su retiro. Debido a algunos proyectos de último minuto y a lo que Marty sintió que eran peticiones irrazonables de su jefe actual, nunca había tenido la oportunidad de tomar el viaje de dos horas al norte para reunirse con Dan, a pesar de que se le había prometido que tendría mucho tiempo para pasar con él antes de que Dan se retirara. Tal fue el caso de Wiser Care. Las necesidades operativas y las demandas de los clientes siempre estaban presentes. La oportunidad de ir más despacio y pensar de verdad era poco usual.

Aunque Marty sintió que debería haber sabido que no le debía creer a su jefe actual después de dos años de escuchar falsas promesas, realmente esperaba pasar algún tiempo ininterrumpido con Dan. Desde el anuncio de que era el heredero elegido por Dan, su esperanza de pasar tiempo con él se había convertido lentamente en un deseo salaz de aprender todo lo que pudiera de él antes de irse. Ahora Marty estaba enojado. ¿Y por qué la compañía no querría que hablara con Dan antes de que se fuera? Marty pensó para sí mismo con repulsión mientras analizaba su situación actual. Al final concluyó que era solo otro ejemplo de lo poco que su jefe inmediato lo valoraba y respetaba su éxito. Esta era una gran razón por la que Marty estaba listo para irse.

***

Aunque había planeado irse el viernes, Dan había llamado a Marty esa tarde, diciendo que había logrado convencer a la compañía de que le permitieran quedarse como "voluntario" durante una semana más o menos para presentar a Marty al equipo y ayudar a guiarlo en su nuevo rol. Marty sabía que Dan estaba bromeando, ya que había oído que lo contrario era cierto: que la compañía había tratado de convencer a Dan de que pospusiera su retiro por unos años más y quería mantenerlo cerca tanto como fuera posible. Sin embargo, Marty disfrutaba de la ligereza, humildad y dedicación de Dan a la compañía. Más que nada, estaba aliviado de tener tiempo para pasar con él.

Por teléfono, los dos líderes acordaron reservar cada mañana de la semana siguiente para poder pasar un tiempo ininterrumpido juntos. Por un lado, esto ponía a Marty muy nervioso porque sabía lo ocupado que podía estar un nuevo director general de un centro de salud, pero, por otro lado, el tiempo ininterrumpido era exactamente lo que había esperado con Dan. Marty se sintió aún mejor cuando Dan le prometió que reorganizaría las reuniones esenciales y hablaría con el equipo sobre lo importante que era para los dos tener un tiempo a solas. Dan también tranquilizó a Marty recordándole que el equipo de liderazgo del centro era fuerte y muy capaz de manejar las preocupaciones mientras pasaban este tiempo juntos. Luego se burló de Marty al comentar que pronto sería arrojado a la sartén.

Dan también bromeó con que Marty probablemente no necesitaba o quería atención extra de un viejo, pero Marty le aseguró que sí. Marty pudo ver que Dan era sincero en su deseo de quedarse y ayudarle a tener éxito, lo que le trajo mucho alivio. A decir verdad, Marty no era del tipo que pedía ayuda o incluso sentía que la necesitaba en la mayoría de las circunstancias. Después de haber hablado con Dan en dos ocasiones separadas, aunque solo fuera por unos minutos, se dio cuenta de que había algo diferente en él, algo genuino e intrigante que necesitaba aprender. Marty sabía el valor que Dan podía añadir a su carrera, y cuanto más pensaba Marty en la oportunidad de pasar tiempo con él, más emocionado estaba. Combinado con su entusiasmo, sin embargo, había cierta ansiedad sobre cómo Dan lo juzgaría y lo aceptaría como su reemplazo. ¿Pensaría que Marty era el adecuado? ¿Pensaría que era demasiado joven e inexperto? Marty decidió que no podía preocuparse por eso. No quería nada más que tener éxito en su nuevo rol, y estaba seguro de que Dan podría ayudarle a hacerlo.

La Oficina

Cuando Marty entró en su nueva oficina el lunes por la mañana, se sintió abrumado por la cantidad de espacio que sentía que tenía. Trató de componerse mientras luchaba por abrazar completamente la realidad de su situación actual. «Soy el nuevo director general de este lugar», pensó para sí mismo.

Directamente frente a él notó un gran escritorio de madera que parecía más grande que cualquier escritorio que había visto en un centro de salud de Wiser Care. A su izquierda había una gran ventana abierta que daba a un bonito paisaje al lado del edificio. También notó una pequeña mesa con dos sillas, bien colocada junto a la ventana, a través de la cual brillaba la luz del sol. Frente al gran escritorio había dos sillas marrones acolchadas de felpa, y detrás del escritorio, en cada uno de los rincones más alejados de la oficina, había altos estantes que llegaban casi hasta el techo. Mientras Marty continuaba mirando alrededor de su nueva oficina, también notó una gran pizarra blanca en la pared junto a la puerta y otro escritorio y silla mucho más pequeños al otro lado de la puerta. Marty trató de asimilarlo todo mientras la emoción del día subía a un nivel completamente nuevo para él.

La oficina del director general se sentía grande y poderosa. Marty sintió que el orgullo y los logros lo invadían. Era estimulante y a la vez aterrador. Mientras continuaba mirando alrededor de la oficina, se sentía libre de la mentalidad de "haz lo que te dicen y no preguntes" que había sentido que la mayoría de sus antiguos supervisores siempre tenían hacia él, sin mencionar las oficinas de tamaño armario en las que a menudo se encontró trabajando en los últimos nueve años en Wiser Care. Si era honesto consigo mismo, Marty no había disfrutado su carrera hasta este punto: las largas horas, los proyectos extras, y el sacrificio solo para tratar de complacer a sus jefes, que o bien no parecían preocuparse mucho o nunca parecían satisfechos y siempre exigían más. No fue un camino fácil. Su esposa y su joven hija podían dar fe de ello ya que también habían sentido los efectos de los desafíos que Marty enfrentaba en el trabajo a lo largo del camino. «Todo ha dado finalmente sus frutos», pensó. Tuvo la sensación de que finalmente había empezado al colocar una caja de sus pertenencias personales en el pequeño escritorio vacío junto a la puerta.

Marty también notó rápidamente que Dan había quitado la mayoría de sus pertenencias. Aunque era de esperar, sintió un poco de tristeza por no haber visto cómo era el aspecto de la oficina. También fue un conmovedor recordatorio para Marty de que Dan realmente se iba y que ahora iba a estar totalmente a cargo de las decisiones, la dirección y los resultados en el centro.

Marty había estado tan concentrado en sus planes para su nuevo rol que se sorprendió cuando momentáneamente dejó que su mente vagara y pensara en el lejano día en que él también se retiraría. —Debe sentirse bien, empacar y dirigirse a una buena y relajante jubilación después de tantos años de sudor, trabajo y éxito —se dijo Marty en voz alta. El impresionante ambiente de su nueva oficina y estos pensamientos de retiro no duraron mucho. La mente de Marty se volvió rápidamente hacia todo el trabajo que tenía por delante y las cosas que sabía que tenía que hacer para estar a la altura y tener éxito como CEO. Aunque ya se había hecho un nombre, reconoció que aún tenía mucho trabajo por hacer para dejar su huella en Wiser Care de forma permanente y demostrar que pertenecía a los Daniel Rosiers de la compañía. Marty era competitivo por naturaleza y no quería nada más.

Después de unos minutos de estar solo en su oficina, escuchó un golpe en su puerta que se abrió. Antes de que pudiera decir nada, su asistente ejecutiva, Kate, asomó la cabeza ligeramente. Marty sabía que Kate era un miembro relativamente nuevo en el equipo y que había trabajado con Dan durante un año. Se dio cuenta de que era una mujer de mediana edad con cabello corto y oscuro. Dan había elogiado a Kate durante una de sus conversaciones telefónicas con Marty, llamándola salvavidas. Dijo que era conocida por estar siempre al tanto de las cosas. Kate, sin embargo, parecía diferente a como Marty pensó que podría estar basada en la descripción que Dan hizo de ella. Después de que Marty la invitó a entrar, ella entró tímidamente a su oficina y se presentó. Marty se dio cuenta de que estaba nerviosa. Aunque se sorprendió de que Kate pareciera estar nerviosa por él, recordó cómo se sentía a menudo el hecho de tener un nuevo jefe. Estaba seguro de que esta transición de liderazgo no sería fácil para ella o para la mayoría de los líderes del centro. Esperaba poder hacerla lo más fácil posible para todos ellos. Después de su breve conversación con Kate, decidió que realmente le gustaría trabajar con ella. Marty tenía la sensación de que iba a disfrutar de su nuevo rol como jefe.

Sorpresas

Unos minutos después, Dan entró en la oficina con su brazo alrededor de un hombre que tenía una escoba pequeña y un recogedor en su mano derecha. Dan tenía el pelo canoso, era alto, delgado y un poco más joven de lo que Marty esperaba, y el hombre que lo acompañaba era un hombre mayor, alto y delgado que llevaba lo que parecía un uniforme de empleado encargado de la limpieza. Dan rápidamente le presentó el hombre a Marty con una gran sonrisa, y Marty estrechó la mano del hombre. Marty se enteró de que se llamaba Roger, y que había trabajado en el centro de salud casi tanto tiempo como Dan. Dan y Roger volvieron a hablar durante unos minutos como viejos amigos, lo que sorprendió a Marty, y luego Roger se apresuró a volver al trabajo. Dan se volvió a Marty con otra sonrisa contagiosa y le preguntó con los brazos abiertos: — Bueno, ¿qué te parece?

—Me encanta —dijo Marty, tratando de ocultar lo mucho que realmente amaba su nueva oficina. Marty estrechó la mano de su colega e intercambió cumplidos con él durante unos minutos, cuidando de expresar su emoción por la oportunidad de aprender de él. Dan felicitó a Marty por su nuevo puesto y compartió lo impresionado que estaba con todo lo que Marty había hecho hasta ahora en su carrera en Wiser Care. También le aseguró que sería genial en este nuevo puesto. Marty realmente apreció las amables palabras de Dan.

Después de uno o dos minutos de esta pequeña charla, Dan le dijo a Marty, —Bueno, ¿nos sentamos? —y extendió su brazo hacia las dos sillas marrones colocadas prolijamente frente al gran escritorio de madera.

Marty respondió: —Claro —mientras se sentaba en una de las cómodas sillas. Mientras lo hacía, no pudo evitar pensar: «¡Estas son mías!» Ese pensamiento, sin embargo, fue rápidamente ahuyentado.

Dan se volvió hacia Marty con una mirada pensativa en su rostro y dijo con una voz muy seria, —No seas como los demás, Marty. Por favor, te lo ruego, no lo hagas. Es una forma segura de fracasar.

Marty se sorprendió al instante. —¿Como todos los demás? —preguntó en voz baja, sin saber de qué hablaba Dan. La seriedad del comportamiento de Dan era tan diferente de la forma en que había actuado por teléfono y hasta este punto Marty se sintió un poco nervioso cuando los grandes ojos marrones de Dan parecieron penetrarlo. No estaba seguro de qué esperar a continuación.

Dan entonces continuó sin responder realmente a la pregunta de Marty. —Me gustaría enseñarte algo muy importante para mí que sé que te ayudará a tener éxito en tu nuevo puesto. De hecho, tengo tanta confianza en que, si sigues lo que estoy a punto de decirte, casi puedo garantizarte el éxito como gran jefe —dijo Dan con una ligera sonrisa, ahora relajándose de nuevo en su silla. Marty sintió que Dan probablemente había notado sus ojos abiertos y su postura tensa, así que trató de relajarse un poco también. —No siempre viví de acuerdo con lo que estoy a punto de compartir contigo, Marty —continuó Dan—, y me metí en problemas por ello. Pero desde que empecé a dar lo mejor de mí para seguir este modelo, mi vida nunca ha sido la misma.

Mientras Dan hablaba, los ojos de Marty se abrieron de nuevo, y sus cejas se levantaron cuando dijo: —¡Esto es exactamente lo que quiero saber! —Marty sabía que tenía una tendencia a emocionarse rápidamente y dejar que sus emociones sacaran lo mejor de él a veces, así que hizo todo lo posible para ocultar la exaltación que estaba sintiendo ahora. «¡Necesito saber el secreto del éxito de Dan!» pensó para sí mismo.

Aunque Marty no estaba seguro de lo que Dan estaba a punto de decirle, reconoció al momento de entrar en esta reunión que Dan claramente sabía cosas que los demás no parecían saber. «No obstante, ¿de qué otra forma podría tener tanto éxito durante tanto tiempo a lo largo de su carrera?» Marty razonó para sí mismo. La industria de la salud siempre estaba cambiando y como resultado estaba llena de líderes de corto plazo y alta rotación. El hecho de que Dan haya durado en Wiser Care, Inc. tanto tiempo como lo hizo fue increíble. Más aún, el hecho de que se las arreglara para mantenerse y tener éxito en el mismo centro de salud durante dos décadas era casi inaudito.

Aunque nunca se lo había dicho a nadie, Marty se había preguntado cuánto compartiría Dan con él. Sus experiencias en el pasado le habían enseñado que a muchos líderes exitosos les gustaba guardarse las cosas para ellos mismos, pero en ese momento Marty estaba seguro de que Dan estaba dispuesto a compartirlo todo. También creía que lo que Dan estaba a punto de compartir con él sería grande y podría enviarlo por el camino hacia un estatus legendario en Wiser Care. Sea lo que sea lo que Dan estaba a punto de decir, Marty estaba listo para escucharlo y aceptarlo, o al menos eso creía.

—Quiero compartir contigo cuatro *C* que te evitarán ser un mal jefe —dijo Dan, poniéndose un poco más serio otra vez y sentándose en su silla.

Marty había contemplado mucho sobre lo que Dan podría compartir con él antes de su reunión. Tal vez compartiría las métricas e informes clave más críticos que necesitaba para vigilar y conducir siempre. O tal vez cómo descifrar qué nichos de servicio ofrecer y promover. O tal vez cómo ganarse a los clientes o mantener relaciones clave para mantener un alto censo y volumen de servicio. Aunque tomó un momento, Marty se dio cuenta de que sus ideas no podían estar más lejos de lo que Dan acababa de decir.

Marty trató de minimizar la reacción automática de su cuerpo a la sorpresa que sentía. Su mente estaba tratando de calcular hacia dónde iba esta conversación cuando Dan movió sus ojos sobre Marty, y luego giró su cabeza ligeramente como si estuviera ponderando sus próximas palabras.

Finalmente, Dan sopló un poco de aire, cruzó los brazos y dijo: —Marty, dime algo. ¿Cuántos jefes has tenido durante tu carrera?

Marty pensó por un minuto, un poco inseguro de por qué Dan preguntaba, y luego respondió: —He tenido cinco supervisores inmediatos a los que he informado aquí en Wiser Care.

—Y cuántos de esos jefes dirías que actuaron como... —Dan hizo una pausa por un momento como si tratara de encontrar las palabras correctas antes de continuar—. Bueno, ¿como si estuvieran perdidos?

De todos modos, Dan era un ejecutivo extremadamente objetivo y profesional, y ahora Marty estaba completamente sorprendido por el rumbo de la conversación. Nuevamente trató de ocultar su respuesta emocional automática a lo que acababa de escuchar. Mientras contemplaba cuidadosamente la mejor manera de responder a la pregunta, Dan agradecido rompió el silencio.

—Perdona mi mala elección de palabras —dijo Dan, sacudiendo ligeramente la cabeza. Marty pensó que Dan probablemente notó su mirada de sorpresa—. Ahora, no quiero decir perdidos como si no fueran inteligentes o incapaces de hacer un buen trabajo, pero lo que quiero decir es, ¿alguna vez has sentido que tu jefe tal vez no debería haberse convertido en un jefe? ¿Como si quizás estuvieran en el puesto equivocado? ¿O has sentido que tal vez no parecían entender cómo podían ser un buen jefe? ¿O si lo entendían, no parecieron aplicar realmente los principios de lo que generalmente hace a un gran jefe?

Marty pensó en cómo había luchado con muchos de sus jefes hasta ese momento, y uno en particular lo había vuelto loco mientras trabajaba bajo su mando. De hecho, Marty todavía tenía sentimientos amargos hacia él hasta el día de hoy. Aunque cada jefe que Marty había tenido era diferente, sentía que en general eran injustos y celosos, duros e hipócritas, e indiferentes y desconsiderados. Y en realidad, debido a muchos de ellos, Marty no había disfrutado mucho de su carrera. Esta es una de las principales razones por las que Marty había trabajado muy duro para que un día no tuviera que responder ante uno de estos... bueno, malos jefes.

Y ahí estaba. Marty creía que la mayoría estaba fuera de sus cabezas. Aunque nunca había pensado en ello de esa manera, no tardó mucho en darse cuenta. Siempre había sentido en lo más profundo de su ser que una vez que dirigiera un centro de salud, no tendría que lidiar con lo que llamaba un jefe inepto. Y aunque pensaba que sus jefes anteriores estaban de alguna manera fuera de lugar, sabía que no debía admitirlo abiertamente y sin cuidado.

—Bueno, no sé si diría que estaban fuera de sus cabales, pero tal vez todos ellos tenían diferentes maneras de ser, ya que a veces hacían las cosas un poco más difíciles para mí y para otros de lo que tal vez tenía que ser —Marty respondió cuidadosamente, añadiendo rápidamente—, pero estoy seguro de que hicieron lo mejor que pudieron.

A través de los años, Marty había aprendido a jugar bien el aparentemente incansable juego corporativo. Sabía que debía ser cauteloso y cuidadoso cuando hablaba de los demás, especialmente de sus superiores. Nunca sabía cuándo alguien podría usar sus palabras en su contra o apartarlo del camino solo para ayudarse a salir adelante o para hacer su vida miserable. Marty no creía que sería prudente si se abría completamente y compartía sus verdaderos sentimientos sobre sus jefes anteriores con Dan en ese momento. La verdad era, sin embargo, que Marty casi había renunciado muchas veces por la aparente incompetencia y la naturaleza indiferente de muchos de sus anteriores supervisores. La última cosa que Marty quería hacer ahora, sin embargo, era dejar una mala impresión con Dan. Por lo que sabía, Dan había hablado con los jefes anteriores de Marty, al menos, estaba bien conectado con muchos líderes de toda la organización.

—Ya veo —dijo Dan, mirando de nuevo como si no estuviera seguro de cómo expresar su próximo pensamiento. De repente, miró a Marty directamente a los ojos y dijo sin rodeos—: No sé de qué otra manera decir esto, Marty, pero para serte franco, me preocupa que el ochenta y cinco por ciento de los jefes de Wiser Care, de hecho, probablemente en la mayor parte del mundo, no son muy buenos jefes, incluyendo aquellos bajo los que has trabajado, y no es necesariamente su culpa —Marty se sorprendió de nuevo por la franqueza de Dan y continuó—: A lo largo de mi carrera he conocido y trabajado con muchos jefes, y no quiero que te conviertas en uno de ellos. Quiero que seas diferente, Marty. Quiero que seas un buen jefe. Uno que lidere de una manera en la que la gente te mire, te respete y crea en ti. Un jefe con el que tu gente sepa que puede contar. La gente de Wiser Care se merece eso; mi personal aquí en este centro de salud se lo merece. Todos merecen un jefe increíble.

Marty escuchó atentamente, tratando de entender lo que Dan estaba diciendo. Obviamente, quería ser un buen jefe y había jurado hace tiempo no ser como la mayoría de los jefes bajo los que había trabajado, pero no sabía exactamente a dónde iba Dan con todo esto. «¿Esto es todo? ¿Es este el gran secreto? ¿Es el consejo de Dan de simplemente intentar ser un buen jefe?» pensó Marty. Parecía tan obvio y tan intangible. Marty quería algo que pudiera hacer, algo en lo que pudiera concentrarse, algo que nunca había oído antes, y ciertamente algo más concreto. Se sintió un poco incómodo mientras se movía incómodamente en su silla y esperó a escuchar lo que Dan diría a continuación.

—La cosa es que muchos jefes son realmente buenas personas y, aparte de una muy pequeña minoría, quieren ser realmente buenos jefes. Muy pocos líderes, creo, se despiertan y dicen: "Quiero ser un jefe realmente malo para mi personal hoy. No quiero que ellos disfruten del trabajo o para quién trabajan". No es así en absoluto —Marty asintió lentamente, aceptando, mientras Dan continuaba—, Espero que no malinterpretes lo que estoy diciendo. Muchas personas que se convierten en jefes pueden tener mucho éxito; sin embargo, les falta una buena orientación y comprensión de lo que más importa para ser un buen jefe. Les falta un modelo que pueda informar su toma de decisiones y guiar su comportamiento y sus acciones, que pueda señalarles las cosas que realmente tienen un impacto y que resulten en su éxito como líderes.

Aunque todavía estaba perplejo por el inesperado tema de su conversación, Marty de repente se sintió un poco más intrigado por lo que Dan podría decir a continuación.

El Modelo de las Cuatro *C's*

—Marty, quiero compartir contigo lo que llamo el Modelo de las Cuatro *C's* para el Éxito del Liderazgo, que creo que te ayudará a evitar ser como la mayoría de los jefes en el lugar de trabajo. Puedo prometerte que si implementas con éxito estas cuatro *C's*, o al menos las haces lo mejor que puedas, y consigues que otros en tu equipo de liderazgo te ayuden a establecerlas en todo el centro, podría decir que sacarás el máximo provecho de tu personal, y te sentirás bien al hacerlo.

A Marty le pareció que Dan estaba cada vez más seguro de lo que quería decir, aunque todavía estaba tratando de entender hacia dónde iba la conversación.

—Lo que estoy a punto de compartir no es necesariamente un gran misterio o incluso nuevos conceptos. Es bastante obvio, en realidad. Sin embargo, los elementos en el modelo de las cuatro *C's* a menudo no reciben la atención que necesitan. Y demasiados líderes no aprecian completamente su impacto y significado. Por esta razón, aunque los conceptos en el modelo de las cuatro *C's* son simples, proporcionan un marco poderoso para el éxito del liderazgo. El hecho de que el modelo recuerde a los líderes lo importante que son estos conceptos, especialmente cuando trabajan juntos. Los cuatro elementos del modelo, o las cuatro *C's*, son demasiado importantes para no tomarlos en serio, Marty. No dejes que la simplicidad de lo que estoy a punto de compartir contigo te distraiga de lo importante que es cada elemento para tu eventual éxito.

¿No es un gran misterio? ¿Simple? Si Marty era honesto consigo mismo, esta noticia fue un poco decepcionante y no es para nada lo que esperaba escuchar de Dan hoy. Sin embargo, en lugar de mostrar signos de desánimo, miró a Dan y le dijo: —Soy todo oídos —animándole a continuar.

—Creo que la mayoría de los líderes conocen y entienden a cierto nivel la importancia de cada una de las cuatro C's, pero aún así, la mayoría de ellos no las cumplen. Y tengo mis teorías sobre por qué es esto, pero no vamos a entrar en eso ahora —dijo Dan, sonriendo—. Lo que puedo decir, sin embargo, es que debido a que no se centran en las cuatro C's, a menudo su personal está descontento y frustrado en el trabajo. Y cuando la gente no se siente bien en el trabajo, entonces el rendimiento y los resultados son siempre menores de lo que deberían ser. Francamente, la gente se merece algo mejor. Se merecen un buen jefe, incluso un jefe increíble. La gente debería ser feliz en el trabajo y sentirse bien con quien trabaja. Mucho de eso aquí en este centro ahora depende de ti.

Marty estaba un poco sorprendido. Aunque sabía que su rol era importante, nunca había considerado completamente el impacto que podría tener en la vida de otras personas como CEO. Empezó a preguntarse por qué nunca había considerado esto ya que sus jefes anteriores definitivamente habían tenido un gran impacto en su vida.

Marty también comenzó a preguntarse cómo las cuatro C's le ayudaría a mantener a todos satisfechos. Aunque esto no era para nada lo que Marty esperaba de Dan, estaba cada vez más fascinado por todo esto. También sintió que su nivel de admiración crecía por Dan. Podía ver la pasión que Dan demostraba por lo que compartía y creía en ello de todo corazón. «Y basándose en el historial de resultados increíbles de Dan, seguramente debe saber de qué estaba hablando», se recordó Marty. En este punto Marty ya tenía muchas preguntas, pero decidió que sería mejor esperar a que Dan le explicara más en lugar de interrumpir su idea.

—Durante las próximas cuatro mañanas, me gustaría hablarte de las cuatro *C's*, centrándome en una cada día. Prometo que solo le dedicaré unas horas de tu tiempo cada mañana y luego te permitiré hacer un trabajo de verdad —añadió Dan con una sonrisa—. Tengo que advertirte que no ha sido fácil implementar cada elemento; requiere un esfuerzo continuo. Sin embargo, he pasado muchos años en este centro tratando de establecer cada uno de ellos, y, bueno... puedes ver los resultados por ti mismo —Dan miró a Marty a los ojos por un momento y luego miró hacia abajo. Aunque Marty podía decir que Dan estaba muy seguro de lo que compartía, tampoco sentía ningún sentido de arrogancia o fanfarronería. Esta era otra razón por la que Marty estaba intrigado por Dan y otra forma en que parecía diferente de muchos de los otros CEOs que había conocido en la compañía.

Dan miró hacia arriba otra vez. —Ahora, Marty, al hacer un esfuerzo consciente como líder para crear cada elemento dentro de tu centro, tendrás más éxito del que tendrías de otra manera. Si no te concentras en los elementos del modelo, serás como la mayoría de los otros jefes que luchan. Si no te concentras en estas cuatro *C's*, no obtendrás los resultados que esperas, y lo más probable es que no liderarás de forma inspiradora. Sé lo mucho que hay que hacer por aquí, y sé que será un sacrificio renunciar a tus mañanas y dedicarlas a aprender el modelo de las cuatro *C's*, pero si estás dispuesto a ello, creo que valdrá la pena tu tiempo. Estoy completamente convencido de que el modelo de las cuatro *C's* está en el corazón de todo éxito de liderazgo.

Marty sabía que no podía decir nada más que sí. Sabía que era una oportunidad para aprender de uno de los mejores de Wiser Care, *Dan el Hombre*, y se dio cuenta de que iba muy en serio. Sin embargo, tampoco podía dejar de preguntarse si esto era realmente lo que necesitaba aprender más que nada de él. ¿No hay posiblemente cosas más importantes que saber que las cuatro *C's*? Marty sintió que Dan no pensaba así, así que rápidamente dejó de lado esos pensamientos, razonando que si su carrera podía ser como la de Dan, estaría encantado. Y aunque se preocupó por todo lo que tenía que hacer o quería hacer en su centro de salud de inmediato, le creyó a Dan cuando dijo que valdría la pena su tiempo. Así que no importaba el sacrificio de tiempo necesario para aprender las cuatro *C's* de las que Dan parecía estar tan seguro, por lo que Marty se sentía preparado.

—Lo último que diré antes de llegar al modelo es que no siempre lo seguí porque no siempre estaba claro en mi mente. Este plan es algo que he ido construyendo a lo largo de mi carrera. He visto demasiada gente buena fracasar como jefe a lo largo de mis años, y esto me ha hecho reflexionar sobre por qué fue así y por qué mis resultados fueron diferentes a los de ellos. El modelo viene de muchos años de experiencia, observación y práctica. Lo que he aprendido al compartir este modelo con otros es que, en cada situación, sin importar el tamaño o el alcance del equipo, o las fortalezas y debilidades del líder, o incluso de la industria, este modelo funciona cuando se aplica rigurosamente. Y funcionará para ti.

La curiosidad de Marty estaba ahora en su punto más alto. —Antes de compartir la primera *C*, quiero que sepas que todas las *C's* encajan y se basan la una en la otra. Producen un modelo de liderazgo efectivo y culturas organizativas efectivas. Trabajan juntos y se apoyan y construyen unos a otros. Cuando te concentras en cada una de ellas adecuadamente, te ayudará a lograr resultados impresionantes como líder.

A Marty le encantaba el sonido de eso y se inclinó hacia adelante en su asiento, listo para escuchar más.

—Entonces —dijo Dan con algo de emoción en su voz—. ¿Estás listo para aprender sobre la primera *C*?

Marty asintió con entusiasmo cuando le llegó el momento. No podía creer que iba a aprender un modelo de liderazgo del hombre del que tanto había oído hablar en los últimos nueve años mientras trabajaba en Wiser Care. Dentro de la compañía, Dan era la definición de un liderazgo increíble y resultados estelares. Marty tenía grandes esperanzas de que el modelo de las cuatro *C's* le ayudara a crear su propio legado.

Primera Parte

Claridad

La Primera *C*

—Bien, Marty —dijo Dan—. La primera *C* del modelo significa 'claridad'.

Aunque Marty no estaba realmente seguro de lo que esperaba, se sintió un poco defraudado por el subidón que acababa de experimentar después de la revelación de la primera *C*. «¿Claridad?» pensó para sí mismo. ¿Qué tiene que ver eso con todo esto? Marty estaba muy confundido por la primera *C*, y notó que Dan se dio cuenta.

—No pareces muy emocionado por esto —dijo Dan honestamente, y añadió—, y eso está bien. Déjame intentar explicarte lo importante que es esto para ti como líder. ¿Te importa si la uso? —Dan señaló la pizarra al otro lado de la oficina.

—Claro —dijo Marty, tratando de recuperarse de nuevo. Se sintió un poco culpable de que Dan reconociera que no estaba extasiado por la revelación de la primera *C*, pero no estaba seguro de qué decir en este momento. Por suerte, Dan se puso de pie y caminó rápidamente hacia la pizarra, lo que le dio a Marty un momento para recuperarse.

Dan cogió un marcador de los pocos que había en la cornisa de la pizarra y escribió:

CLARIDAD

Luego colocó el marcador y comenzó a hablar mientras caminaba de regreso a la silla ubicada frente a Marty. —Déjame preguntarte algo. Sé que eres mucho más joven que yo, pero ¿alguna vez has tenido que ver algo en la televisión que no estaba muy claro? ¿Como si hubiera una tormenta afuera o algo que afectara la señal, y las imágenes no fueran muy claras en la pantalla?

Me trajo a la mente ver el Super Bowl el año pasado durante una masiva tormenta de nieve que había azotado el noreste. —Sí, supongo que sí —respondió Marty.

—¿Cómo fue eso? —Dan ahora preguntó.

—Me hizo enojar bastante. Justo cuando algo emocionante estaba a punto de suceder, la TV se cortaba y volvía a encenderse, y me perdía una gran jugada. Otras veces la pantalla estaba tan borrosa que era difícil incluso seguir el balón y saber si un pase del mariscal de campo había sido atrapado, dejado o interceptado —aunque estaba hablando, Marty todavía no entendía a dónde iba Dan con esto.

—¡Exactamente! —dijo Dan, más emocionado de lo que Marty esperaba—. El no tener claridad puede hacernos sentir bastante molestos; es una gran manera de decirlo. Nos gusta saber lo que está pasando, y nos gusta ser capaces de ver con claridad. No ver claramente o no saber lo que está pasando causa frustración y confusión. Puede hacer que nos pongamos bastante tristes.

Marty asintió con la cabeza mientras trataba de entender completamente lo que Dan estaba diciendo.

—Como la frustración que sentiste durante tu experiencia con la televisión borrosa, la gente que diriges y que trabaja para ti quiere ver con claridad. Quieren saber si un pase aquí en el trabajo es atrapado o dejado caer. Sin saberlo, el juego no es muy agradable.

«¿La claridad hace que el trabajo sea más agradable?» Marty pensó en eso por un momento y pudo ver el punto de vista de Dan. Podría estar de acuerdo hasta cierto punto en que la claridad ayudaría a alguien a sentirse más informado y parte del equipo.

Marty, sintiéndose más interesado en adónde iba esta conversación, quería entender mejor, así que preguntó: —No estoy seguro de saber exactamente a qué te refieres. ¿Puedes aclararlo? —dijo la palabra "aclarar" con una pequeña sonrisa en su cara. Marty era conocido por ser alguien a quien le gustaba bromear de vez en cuando. Este fue su primer intento de hacer reír a Dan. No estaba seguro de cómo reaccionaría.

—Muy bien —dijo Dan con lo que parecía una risa graciosa. Luego añadió—: Me encantaría *aclarártelo* —hizo demasiado hincapié en la palabra. A Marty le gustó su respuesta juguetona y pudo ver que Dan no siempre fue tan serio como parecía la mayor parte de la mañana hasta ahora.

Dan entonces continuó. —La gente que trabaja para ti ansía claridad. Todos nosotros lo hacemos. Queremos saber de qué se trata el juego, qué intentamos lograr como equipo y cuál es el plan. Todos queremos saber qué rol se espera que desempeñemos y cómo podemos beneficiar al equipo. Y todos queremos saber por qué hacemos lo que hacemos y cómo nos ayuda a nosotros y a los demás. Cuando estas cosas estén claras, tu personal trabajará con menos frustración, confusión y estrés indebido. Podrán concentrarse en lo que más importa, y disfrutarán mucho más del juego, o de su trabajo.

—Bien, creo que puedo comprender eso —dijo Marty. Estaba empezando a tener más sentido para él. Pensó que la claridad parecía importante, pero ¿era realmente tan importante? Marty esperaba que no se decepcionara con lo que Dan tenía que decir a continuación.

Bloques de Construcción

Dan se paró y se estiró por un momento, diciendo: —No envejezcas nunca, Marty; esta espalda me está matando.

Marty sonrió y dijo: —¿Quieres cambiar de asiento, o puedo conseguirte otra silla?

—No, esta es la mejor silla que tenemos. Confía en mí, lo sé; he probado todas las sillas de este lugar —Marty tuvo que sonreír ante ese pensamiento cuando Dan añadió—: Estaré bien si no te importa que me estire y me mueva de vez en cuando.

—Eso está completamente bien para mí —respondió Marty.

Dan se sentó y dijo: —Sin claridad en el trabajo, todo se ralentiza. La gente tiene que llenar los huecos, lo que lleva a la confusión, la frustración y los desacuerdos improductivos. Pintar un escenario de forma clara para la gente es lo que hacen los jefes excepcionales, mientras que los jefes no excepcionales no le prestan mucha atención en absoluto.

Marty se dio cuenta de que no necesariamente había prestado mucha atención a la claridad en sus posiciones en el pasado. Sin embargo, mientras pensaba en ello, se dio cuenta de que sí trató de mantener a todos informados y moviéndose en la misma dirección. Tal vez la claridad había jugado un rol más importante en su éxito de lo que se daba cuenta.

Separando a Marty de sus pensamientos, Dan continuó: —Sabes, creo que la mayoría de los miembros del equipo de

Wiser, y probablemente en la mayoría de las empresas del mundo, quieren hacer un buen trabajo. Realmente creo que esto es inherente a cada uno de nosotros, pero no saber cómo hacer un buen trabajo o cómo es un buen trabajo o incluso por qué un buen trabajo es importante, hace las cosas innecesariamente difíciles y confusas. Como dijiste con la televisión borrosa, puede ser bastante molesto.

Marty estaba escuchando atentamente lo que Dan estaba diciendo. Comenzaba a sentir que había más claridad de la que se había dado cuenta mientras Dan continuaba: —Piensa en la ansiedad que viene de la gente que se preocupa por si están haciendo un buen trabajo o si están haciendo lo que su jefe quiere que hagan. Los líderes que pueden crear claridad sobre lo que es más importante y cómo es un buen trabajo obtendrán mejores resultados de su personal porque no se preocuparán todo el tiempo.

—Bien, entiendo tu punto, pero no entiendo exactamente qué —Marty dudó, no queriendo ofender a Dan. Podía ver que Dan iba en serio con esto. Y ya le tenía mucho respeto, así que decidió ir más despacio y continuar con cautela, tratando de no sonar demasiado escéptico: —Un jefe necesita dejar las cosas claras. Quiero decir, parece que en su mayor parte las cosas están algo claras, y esto no parece afectar mucho al rendimiento —Marty sabía que su último comentario sonaba demasiado incrédulo cuando un rápido y casi imperceptible ceño fruncido apareció en la cara de Dan. Luego frunció el ceño como si estuviera pensando.

—Bien, esa es una gran pregunta —dijo Dan, con un aspecto más pensativo ahora, y añadió—, y espero poder explicar mejor por qué la primera *C* es tan importante. Es la base de nuestro modelo, la base de un liderazgo exitoso —Dan se inclinó de nuevo hacia adelante en su silla y dijo—: Altos niveles de claridad son esenciales para convertirse en un gran jefe y establecer una cultura saludable entre tu equipo. Aunque el rendimiento puede ser bueno, los altos niveles de claridad pueden hacer que el rendimiento sea genial.

Dan se sentó en su silla, como si tratara de maniobrar para que su espalda no le molestara tanto. —Ahora, para responder a tu pregunta sobre lo que un jefe necesita dejar claro, la respuesta simple es todo —a Marty no le gustó esa respuesta tan ambigua, pero Dan le explicó rápidamente—. Como buen jefe, una de tus prioridades principales debería ser proporcionar claridad en todo lo que puedas. Nunca se pueden dejar las cosas demasiado claras. Nunca he oído a nadie decirle a un jefe: 'Bueno, lo has dejado mucho más claro de lo necesario', especialmente en lo que respecta a las cosas más importantes.

Marty se rio de esa declaración y estuvo de acuerdo; sin embargo, se preguntó cuáles eran las cosas más importantes.

—No hablo de microgestión aquí o de dictar lo que cada uno debe hacer en un momento dado del día. Eso sería tan imposible como ridículo. Así que no es eso en absoluto. Una buena claridad en torno a las cosas que más importan lleva a una menor necesidad de microgestión. La claridad permite a tu equipo actuar y te da la paz mental de que actuarán de una manera alineada y ayudarán a tus resultados.

Marty pensó en eso por un momento, y luego Dan añadió: —Tienes que dar una dirección clara, y los líderes deben tratar de ser tan claros como sea posible en todo lo que puedan. Sin embargo, hay tres cosas que son las más importantes que todo gran líder debe asegurarse de que estén claras. Yo las llamo las piedras angulares.

Dan se levantó de repente, caminó hacia la pizarra y escribió:

Bloques de Construcción
- Misión
- Visión
- Valores

Luego se giró y dijo: —Marty, lo más importante que debes aclarar es tu misión, visión y valores.

Dan luego volvió a la silla y se sentó de golpe esta vez. Marty se preguntó si su espalda se sentía mejor cuando Dan sonrió y dijo: —Una buena misión y visión proporcionan un propósito. Responden a la importante pregunta de por qué. Y los valores proporcionan expectativas de comportamiento. Informan a la gente cómo esperas que actúen. Cuando esto está claro, no tienes que cogerle la mano a la gente; ellos sabrán lo que se espera de ellos y cuál es el propósito. Tomarán decisiones basadas en ellas. Esta claridad en torno a estos puntos más importantes hará que tu trabajo como jefe sea mucho más fácil.

Dan se detuvo ahora, y Marty pudo ver que estaba tratando de decidir si Marty seguía lo que estaba diciendo. Marty quería mostrar que estaba escuchando, así que se sentó en su silla, asintiendo con la cabeza.

Dan pareció tomar la señal y continuó. —Como ver una imagen clara en un televisor elimina la frustración, tu personal necesita entender lo que el equipo está tratando de lograr y hacia dónde se dirige. También necesitan saber claramente por qué se despiertan todos los días y vienen a trabajar para ti. Necesitan saber cuál es el punto de todo el esfuerzo. Estas son todas las cosas a las que tu misión y tu visión deberían responder. Y por eso es tan importante que estos bloques de construcción estén claros. Cuando tu personal no sabe el sentido de su trabajo, hacia dónde se dirigen, o qué valores defienden, es difícil que se entusiasmen con el trabajo. Todo el mundo de arriba a abajo en nuestro centro de salud aquí debe conocer estos bloques de construcción. Deben venir a trabajar con un propósito.

—Bien, veo cómo esto sería significativo —Marty respondió sinceramente ahora.

—Bien —dijo Dan con una ligera sonrisa—. Empecemos ahora con la misión. En nuestro centro no venimos a trabajar todos los días solo para hacer un trabajo o cobrar un sueldo, sino que venimos en una misión. Esta es la razón de nuestro trabajo. Nuestra misión define lo que intentamos lograr cada día que nos levantamos y venimos aquí. Cada día, cada uno de nosotros está en una misión; todos tenemos el mismo propósito —dijo Dan, enfatizando su punto.

Marty se preguntaba si todo el personal del centro realmente sentía que tenía un propósito claramente definido para su trabajo, tal como lo sugería Dan. Claro, cada centro donde Marty había trabajado tenía una declaración de misión, pero honestamente no se hablaba mucho de ella, y Marty no estaba seguro de que le diera a nadie mucho propósito. Mientras Marty pensaba en esto, Dan continuó: —Si le preguntas a cualquiera de mi personal... —se detuvo un segundo como si hubiera hablado mal y dijo—: Lo siento, quiero decir, si le preguntas a cualquiera de tus empleados por qué vienen a trabajar cada día, te apuesto a que todos responderán lo mismo. Puede que no usen exactamente las mismas palabras, pero estarán muy cerca. Esto se debe a nuestro énfasis en la claridad. Hay claridad entre el equipo sobre la misión de nuestro centro de salud. Compartimos un propósito común. Hemos trabajado duro para dejárselo claro a todos.

Marty levantó un poco las cejas al oír esto, pero se dio cuenta de que a Dan no parecía importarle. Se imaginó que Dan había visto miradas escépticas antes mientras compartía esta información.

Dan continuó. —Mi personal... —Marty notó que Dan vaciló de nuevo, corrigiéndose a sí mismo—. Quiero decir, tu personal tiene que saber por qué hacen lo que hacen. Te lo digo, Marty, todos lo saben aquí. Nadie se despierta y se prepara para el trabajo sin saber por qué. Todos venimos a trabajar por la misma razón, el mismo propósito, la misma misión. Cada uno de los miembros de tu equipo lo sabe. Saben el propósito de su trabajo cada día.

Marty se sentó en su silla. ¿Podría cada miembro del personal del centro recitar realmente el propósito o la misión si se le pregunta? Después de contemplar esta pregunta por un segundo, Marty se susurró a sí mismo en voz baja, —Increíble — pensó en los muchos otros centros en los que había trabajado. Sabía con certeza que muy pocos empleados de cada centro podían responder y explicar la misión real de su centro. De hecho, tuvo que admitir para sí mismo que probablemente no podría haber recitado la declaración de la misión la mayoría de las veces, y eso que estaba en la administración. Basándose en lo que Dan estaba diciendo, pudo ver cómo esto podría ser importante.

—¿Recuerdas a Roger, a quien te presenté hace poco? — preguntó Dan, inclinándose de nuevo en su silla.

—¿Te refieres al empleado se servicio de aspecto amigable? —Marty cuestionó, preguntándose si era la persona correcta.

—Sí, Roger, el hombre que siempre nos hace quedar bien —dijo Dan con una sonrisa, asintiendo con la cabeza—. No es que esto deba sorprenderte, pero Roger viene a trabajar cada día en una misión, y se muestra en su trabajo —dijo Dan con orgullo—. Sin embargo, no siempre fue así. Cuando empezó aquí, Roger no estaba contento, y cualquiera podía darse cuenta. Aprendí rápidamente que veía su trabajo como algo que tenía poco valor y que solo servía para poner algo de comida en la mesa para su familia.

—Sin embargo, todo eso cambió hace muchos años. Cuando presentamos nuestra misión y visión, nuestro 'por qué' aquí en el centro, y continuamente hablábamos de ello y reforzábamos que íbamos en serio, las cosas cambiaron para él. Roger interiorizó más que la mayoría el por qué hacíamos lo que hacíamos aquí, y eso marcó la diferencia para él. Ha abrazado nuestro propósito durante años, y lo he observado realmente tratando cada día de crear excelentes experiencias para cada persona que conoce. Lo entiende —dijo Dan ahora con énfasis—. Incluso enseña a otros cuando se unen a nosotros. Creo que esta es una de las razones por las que hace tan buen trabajo y trabaja tan duro para que este lugar se vea genial. Pero no siempre fue así.

Marty se sentó y estaba considerando lo que Dan acababa de compartir cuando añadió, —Y la magia aquí en este centro es que cada miembro del equipo hace lo mismo porque el propósito es claro. Nadie, ni siquiera Roger, tiene que preguntarse cuál es nuestro propósito aquí en nuestro centro de salud o qué deberían tratar de hacer. Todos juntos nos esforzamos por lograr el mismo propósito cada día. Estamos unidos de esa manera.

Marty se inclinó más hacia atrás en su silla, poniendo sus manos detrás de su cabeza mientras trataba de absorber esta información. Tuvo que admitir que todavía estaba sorprendido por lo que Dan estaba diciendo. Aunque parecía un poco extraño considerar que Roger viniera a trabajar en una misión cada día, Marty se dio cuenta de que, al hacerlo, probablemente sintió que su trabajo era importante y se sintió bien por las contribuciones que estaba haciendo. De hecho, esta simple idea estaba empezando a ser trascendental para Marty. «Si todos los empleados trabajaban para lograr el mismo propósito claro cada día, tendría un impacto real en los resultados», pensó Marty. Sin mencionar cómo podría ayudar al trabajo en equipo y a la camaradería. Marty consideró las implicaciones de que todo un equipo tuviera claro su propósito compartido. Luego hizo una nota mental para preguntarle a Roger cuál sentía que era su misión la próxima vez que lo viera. No es que no le creyera a Dan, pero Marty tuvo que poner a prueba lo que decía.

—La misión define por qué tú y tu equipo vienen a trabajar todos los días. Proporciona un claro propósito para tu trabajo diario —Dan miró a Marty como si quisiera asegurarse de que lo entendiera. Marty se inclinó de nuevo hacia adelante, poniendo sus manos delante de él, asintiendo con la cabeza.

—La visión informa a la gente adónde va la empresa, a qué está destinada y la contribución que espera hacer al mundo — continuó Dan lentamente. Marty pudo ver que todavía estaba tratando de asegurarse de que entendía lo que decía cuando añadió—: Sin una visión clara, puede ser difícil entusiasmarse con el trabajo porque no sabes a dónde vas. Una visión es como un destino, y sin un destino claro, tu equipo puede llevarte a ti y a la organización a cualquier parte. Quién sabe dónde podrías terminar —dijo Dan, encogiéndose de hombros. Marty pensó en eso, y tenía sentido.

—La última piedra angular son tus valores. Tus valores son las importantes expectativas de comportamiento que tienes para tu equipo, informan a la gente cómo debe comportarse. La mayoría de la gente quiere actuar como tú quieres que lo hagan. Quieren saber qué comportamientos se valoran y se esperan. Si los dejas muy claros, se esforzarán por estar a la altura.

Dan se puso de pie de nuevo y, señalando la pizarra al final de la habitación, declaró: —Estos primeros elementos, los bloques de construcción, funcionan juntos. Tus valores deben ayudar a tu personal a vivir la misión día tras día, y vivir su misión debe ayudarte a lograr tu visión. Estas son las cosas más cruciales que debes dejar claras. Cuando tengas claros estos puntos más importantes, guiarán la toma de decisiones de todo tu equipo. Cuando establezcas claridad sobre ellos, es decir, que todos sepan lo que son y los entiendan, preparas el escenario para grandes resultados.

En ese momento Marty se olvidó por completo de los sentimientos de duda y decepción que había tenido esa mañana cuando Dan reveló la primera C. Marty pudo ver la convicción que Dan tenía sobre lo que estaba diciendo, y sus pensamientos se volvieron hacia todos los logros que Dan y su centro de salud habían logrado. ¿Podría la claridad en torno a estos temas ser realmente la causa de su éxito? Marty sabía que era mejor que empezara a confiar en Dan más completamente.

Artículos de Gran Valor

Aún de pie, Dan se estiró de nuevo durante un minuto y luego volvió a la pizarra. Antes de coger un bolígrafo, se detuvo y dijo:

—Hay más que debes esforzarte en dejar claro como jefe, Marty. Esto —dijo, señalando la pizarra—, es lo primero y lo más importante. Estos bloques de construcción son imprescindibles. Deben ser los más altos en tu lista de prioridades para la claridad. Pero hay otros elementos que también son críticos. Los llamo artículos de gran valor, por falta de un término mejor. La claridad en torno a estos artículos también debe ser una alta prioridad. Y aunque estos son los mejores lugares para empezar cuando se trata de la claridad, el objetivo debería ser proporcionar tanta claridad y apertura como sea posible. Sin embargo, diré que cuando estos bloques de construcción y los artículos de gran valor estén claros, la gente puede rendir al máximo.

Dan entonces añadió esto a la pizarra:

CLARIDAD

Bloques de Construcción

- Misión
- Visión
- Valores

Artículos de Gran Valor

- Roles y Responsabilidades
- Proceso de Evaluación
- Normas y Expectativas
- Metas
- Resultados
- El porque (para las reuniones, sistemas, procedimientos, políticas, decisiones, etc.

—Cuando las cosas no están claras —dijo Dan, alejándose de la junta—, cuando hay una falta de claridad en el lugar de trabajo, solo conduce a una innecesaria y evitable frustración, confusión e incluso resentimiento. Es difícil que un equipo trabaje tan efectivamente como debería sin una claridad en estas cosas —señaló de nuevo la pizarra donde había escrito la lista de los bloques grandes—. La claridad en torno a estos artículos de gran valor te ayudará a crear una cultura saludable y a convertirte en un gran jefe.

Marty escudriñó la lista mientras pensaba en lo poco claras que eran muchas de las cosas que Dan había escrito en la pizarra como artículos de gran valor, por no mencionar los bloques de construcción, que le habían llegado en diferentes centros en los que había trabajado en el pasado. Cuanto más lo pensaba, más se daba cuenta de que a menudo había confusión en la mayoría de ellos.

Marty también reflexionó sobre la falta de cohesión y el desajuste que a menudo existía entre muchos de los equipos de liderazgo de los que había formado parte en Wiser Care. A veces se preguntaba por qué los directores generales no hacían más para alinear los equipos. Aunque no lo reconoció en ese momento, ahora podía ver que la claridad en torno a los puntos enumerados en el tablero podría haber resuelto la mayoría de sus problemas.

—Déjame preguntarte algo —dijo Dan—. ¿Qué tan claro ha sido siempre tu rol y tus responsabilidades durante tu carrera? ¿Alguna vez te sentiste aquí en Wiser Care como cuando estabas viendo el Super Bowl?

Marty pensó por un segundo antes de recordar una situación con el segundo jefe que había tenido en Wiser Care, con quien se había llevado bastante bien, en todos los aspectos. Sin embargo, lo que más le había frustrado a Marty era que muchas responsabilidades importantes habían caído en el olvido. Era como si no estuviera dispuesto a asignar a la gente ciertas tareas por miedo a que lo rechazaran. Como resultado, muchas cosas importantes habían quedado sin hacer, y esto había causado problemas.

Esta incertidumbre en las responsabilidades había llevado a la gente a culpar silenciosamente a otros cuando las cosas no se hacían. Se hicieron muchas suposiciones entre los diferentes líderes, y los resultados habían sufrido.

Pronto, justo cuando Marty sintió que la confianza dentro del equipo de liderazgo estaba en su punto más bajo, finalmente llegó a un punto crítico. Marty había sido el director de la oficina de negocios en ese momento, y finalmente la había tenido y había explotado un día por el hecho de que el personal de enfermería no había puesto toda la información de los pacientes en el registro médico electrónico cuando fueron admitidos en el centro. Esto ralentizó significativamente la capacidad de su equipo para facturar y cobrar dinero. El vicepresidente de enfermería respondió que las enfermeras ya estaban sobrecargadas de trabajo y que, durante una admisión, no tenían tiempo de poner la información financiera de los pacientes. Su opinión era que el equipo de Marty podía manejar fácilmente esa parte por sí mismo. Había diversas opiniones dentro del equipo de liderazgo sobre quién era el responsable de esta tarea antes de que Marty informara a todos que su departamento se encargaría de esta tarea para cada nueva admisión. Aunque había cierto alivio de que el tema se hubiera resuelto, el daño ya estaba hecho.

En retrospectiva, Marty sabía que su enfoque para hacer frente a su frustración en ese momento estaba equivocado, pero era un tema que debía resolverse si esperaba alcanzar los objetivos de su departamento, lo cual hizo. Desafortunadamente, no todos los malentendidos como este se resolvieron. Aunque Marty, en su mayor parte, aprendió a mantenerse al margen de la lucha después de este incidente, señalar con el dedo y culpar a otros eran procedimientos operativos estándar en este centro, ya que persistía la confusión en torno a los roles y responsabilidades. Decir que esta falta de claridad perjudicó los resultados del centro fue una subestimación en la mente de Marty.

—Sí. Supongo que puedo pensar en algunos casos en los que las cosas no se me aclararon, pero eso no me impidió trabajar duro o tratar de hacer un buen trabajo —respondió Marty de manera poco convincente.

—Vale, apuesto a que es verdad, pero ¿cuán mejor te hubieras sentido si hubiera habido claridad? ¿Y cuánto más crees que podrías haber contribuido como resultado de esta claridad? —Dan preguntó.

De nuevo, no había duda en la mente de Marty de que sus resultados habrían sido mejores, sin mencionar sus relaciones con sus compañeros de trabajo. Marty había perdido mucho tiempo sintiéndose frustrado y enfadado con los que trabajaba en ese centro, y sabía que la mayoría de los demás también tenían sentimientos similares. Marty tenía que coincidir en que Dan tenía razón.

—Bien, definitivamente hubiera sido mejor —dijo Marty.

—Como habrás experimentado en el pasado, las cosas importantes a menudo pueden pasar desapercibidas, y puede haber mucha redundancia y duplicación de trabajo cuando los roles y las responsabilidades no están claros. Cuando los miembros de un equipo no tienen claro quién está a cargo de qué, se abren las puertas a muchos problemas, como señalar con el dedo, culpar a otros y desconfiar, por nombrar algunos —Marty tuvo que sonreír para sí mismo porque sabía exactamente de lo que Dan estaba hablando. El recuerdo que las preguntas de Dan habían provocado le recordaban que lo había experimentado de primera mano.

Dan continuó. —Y el verdadero problema no es que algo se haya caído por las grietas. Es más bien el síntoma del problema real, tal como yo lo veo. El verdadero problema es que no se dejó completamente claro quién era el responsable de hacerse cargo de ello.

Marty pensó en el último punto de Dan, y pudo entender cómo era preciso. Muchos de los problemas a los que se enfrentó el equipo con su segundo jefe podrían haberse resuelto con más claridad.

Dan interrumpió los pensamientos de Marty. —El siguiente en la lista de abajo, 'roles y responsabilidades', es el proceso de evaluación, incluyendo la frecuencia de las revisiones formales y los criterios con los que se medirá a la gente. Cuando la gente no sabe esto, me he dado cuenta de que pasan demasiado tiempo pensando en ello, y a menudo puede surgir el desánimo. Sin embargo, cuando esto se deja muy claro desde el principio, la gente a menudo se comporta como tú quieras, y sabrán si están haciendo un buen trabajo o no. También sabrán cuándo recibirán una retroalimentación formal y directa.

»Lo siguiente son sus 'normas y expectativas', que también deben quedar muy claras —dijo Dan, señalando el siguiente punto de su lista con el marcador—. Esto incluye las normas y expectativas para el grupo, así como para cada individuo. Los estándares establecen una expectativa mínima de rendimiento, es decir, si no podemos alcanzar esta marca, entonces estamos en un gran problema. Las expectativas son cosas que se espera que la persona haga, ya sea a diario, semanal, mensual, etc. Normas y expectativas claras también informan al equipo de lo que es y lo que no es aceptable.

—También es importante que los objetivos sean extremadamente claros —Dan movió el marcador hacia abajo en la lista—. Como los estándares de rendimiento y las expectativas, esto debe incluir tanto los objetivos del equipo como los objetivos individuales. Los objetivos deberían ser lo que el equipo está estirando y realmente se esfuerza por conseguir. Deberían estar diseñados para empujar al equipo a un mejor rendimiento. Y esto incluye claridad en torno a los objetivos a corto y largo plazo. Si su personal no tiene claro cuáles son los estándares de desempeño, así como los objetivos que está tratando de alcanzar, será poco probable que los cumplan o que logren alcanzarlos.

Marty asintió. Esto le pareció bien.

—Lo siguiente en mi lista de grandes premios —continuó Dan—, son los resultados. A la gente le gusta saber en qué punto están y cómo les va. Quieren ser parte de un equipo ganador, y quieren saber dónde pueden contribuir. Cuando los resultados no son claros, la gente comienza a perder interés, o comienzan a adivinar y hacer suposiciones. Cuando esto sucede, la gente puede creer sin querer que el equipo lo está haciendo bien cuando no es así, o que están en un barco que se hunde cuando es justo lo contrario. Cuando los resultados son muy claros en la mente de cada persona de tu equipo, les permite enfocarse mejor en las cosas más importantes.

Dan dejó el marcador y se alejó de la pizarra, diciendo: —El último punto de mi lista es lo que yo llamo 'el por qué'. Al igual que la misión y la visión proporcionan un propósito, ayudar a las personas a comprender y luego recordarles por qué se tienen ciertas reuniones, se viven según ciertas prácticas, se siguen ciertas políticas o se implementan ciertos sistemas es tan importante para ayudarles a ver su valor. Al igual que con la misión, cuando la gente entiende por qué haces lo que haces, es mucho más fácil apoyarla y aceptarla. La gente puede incluso entusiasmarse mucho con una reunión, por ejemplo, cuando el propósito de esa reunión está bien definido y claro.

Marty levantó la ceja cuando escuchó esto. Sabía el número de personas que se quejaban abiertamente de todas las reuniones a las que tenían que asistir, y parecía una lucha continua para ayudar a la gente a aceptar la necesidad de ellas. Dan no pareció darse cuenta de la reacción de Marty y añadió: —Sin el porqué, los sistemas, las reuniones, incluso las políticas y los procedimientos pueden parecer molestias innecesarias o incluso sentirse como una completa pérdida de tiempo. Cuando este tipo de claridad no existe, la gente a menudo se quejará o luchará contra las cosas que en realidad les sirven en su trabajo —Marty tuvo que estar de acuerdo y asintió con la cabeza mientras Dan miraba de nuevo hacia él.

Dan volvió a su silla y se sentó en el borde de la misma como si pudiera volver a levantarse en cualquier momento. Luego miró a Marty a los ojos y dijo seriamente, —Tu gente necesita saber estas cosas; mejor aún, merecen saber estas cosas. Y si no las saben, abres la puerta a la confusión y al desajuste en todo tu equipo. Confía en mí —Dan se veía muy concentrado—. Cuando tu gente sepa lo que es importante para ti como su jefe, tratarán de hacer esas cosas. Cuando sepan lo que hay que hacer para tener un buen rendimiento, se esforzarán por alcanzarlo. Cuando los objetivos y los resultados estén claros, la gente sabrá lo que se espera. La claridad trae la alineación a tu equipo. Y cuando un equipo está alineado, acelera y fomenta el alto rendimiento. Cuanta más claridad se proporcione en torno a todo, pero especialmente en torno a estos bloques de construcción y elementos de gran valor en el tablero, mejores serán los resultados.

Ahora, echándose un poco hacia atrás en su silla y pareciendo relajarse un poco, Dan dijo: —Cuanta más claridad se establezca, mejor se sentirá la gente sobre dónde trabajan y para quién trabajan. Ellos actuarán para ti, Marty.

Los pensamientos de Marty se volvieron hacia toda la comunicación improductiva y divisiva que parecía tan prevalente alrededor de muchos de los artículos listados en la pizarra. Chismes, rumores y sentimientos de incertidumbre corrían por todos lados en muchos de los centros donde había trabajado. Pensó en cómo proporcionar claridad en torno a estos artículos pondría fin, o al menos disminuiría en gran medida, la charla entre bastidores que parecía impregnar la mayoría de los centros.

Dan añadió: —Los bloques de construcción que figuran en la pizarra no deberían cambiar mucho, así que su mensaje en ellos será siempre el mismo. Por otra parte, los artículos más costosos podrían ajustarse constantemente para satisfacer las necesidades y demandas de su negocio. Una vez más, la claridad en torno a los bloques de construcción y los artículos de gran valor será increíblemente importante para tu éxito. La claridad te ayudará a convertirte en un gran líder.

Cuando todo esto empezó a calar un poco, sonó el teléfono de la oficina en el escritorio. Marty instintivamente miró a Dan casi como si preguntara quién debería contestar. Dan se rio, señaló a Marty y dijo: —Ni siquiera lo pienses. Tú eres el jefe ahora, no yo. Debe ser importante porque le pedí a Kate y al equipo que no te llamaran, así que es mejor que lo contestes — y con eso, Marty recogió su primera llamada en su nueva oficina, una llamada que no olvidaría pronto.

La Preocupación de Kate

—Lo siento. No quería interrumpirlos —dijo rápidamente Kate, la asistente ejecutiva de Marty, a quien había conocido antes, al otro lado de la línea. Para Marty sonaba nerviosa—. Siento que tal vez cometí un gran error.

—¿Qué pasó? —preguntó Marty, que ahora se está poniendo nervioso por lo que Kate podría haber hecho. Los pensamientos de *Esta podría ser mi primera gran prueba para probarme a mí mismo* seguido de *Pero no estoy listo todavía* pasó por su mente mientras se preguntaba ansiosamente lo que podría ser.

—Le dije al Dr. Simpson que habíamos reprogramado a su paciente...

Marty sabía del Dr. Simpson ya que había oído hablar de él en el pasado. Era una importante fuente de referencia y cliente del centro de salud, pero a veces podía ser una molestia, a menudo haciendo peticiones y demandas irrazonables. Habían circulado historias por todo Wiser Care sobre cómo Dan en más de una ocasión había maniobrado hábilmente a través de algunas situaciones difíciles y se las arregló no solo para salvar, sino también para fortalecer la relación. Marty estaba preparado para hacer lo que fuera necesario para ganarse al Dr. Simpson como Dan. Marty no sabía sobre la reprogramación de un paciente del Dr. Simpson, pero sabía que no podía ser bueno.

Kate continuó. —Y luego pidió hablar con Dan, en cuyo momento le informé de los cambios que se estaban produciendo aquí. Lo siento mucho.

Marty estaba confundido. No estaba seguro de qué, exactamente, le decía Kate, pero podía sentir que se le empezaba a formar sudor en la frente. Le preocupaba lo que Dan podría pensar de todo esto y lo que haría si todavía estuviera a cargo. Recuperando un poco la compostura, dijo: —Aguanta, Kate. Relájate por un minuto, y vamos a hablar de esto. ¿Por qué reprogramamos al paciente del Dr. Simpson?

Kate, que ahora parece confundida, respondió con naturalidad. —Porque él nos dijo que lo hiciéramos. Tiene dos pacientes más que vienen mañana, así que quería que los tres vinieran el mismo día. Así que rápidamente reprogramé el de hoy para mañana. Pero no es ahí donde pude haber metido la pata —Kate sonaba un poco más nerviosa.

—Entonces, ¿cuál es el problema? —Marty respondió rápidamente. Estaba irritado, sobre todo porque no entendía nada.

—Bueno... —Kate dudó, sonando nerviosa de nuevo—. No estaba segura de si debía decirle sobre el cambio de CEO o no. Nunca me quedó muy claro cómo íbamos a informar a nuestros médicos y otros socios externos de la noticia. Supuse que habíamos informado al Dr. Simpson; de hecho, estaba bastante seguro de ello, así que cuando me preguntó qué estaba tramando Dan y por qué no podía hablar con él ahora, le respondí honestamente y se enfadó conmigo. Espero no haberlo estropeado al hacerle saber que usted estaba aquí ahora como el reemplazo de Dan.

Y ahí estaba, Marty pensó mientras se reía un poco para sí mismo y se calmaba. Exactamente en el momento oportuno. Casi como si Dan y Kate hubieran planeado esto hace semanas, una lección sobre la claridad y lo que la falta de ella puede hacer. Primero Kate se sintió insegura e interrumpió a Marty, lo que luego lo puso nervioso, todo porque faltaba un poco de claridad sobre cómo el centro de salud quería informar al mundo exterior sobre el cambio de CEO. Después de todo, Dan había sido la cabeza de esa comunidad durante dos décadas, así que era muy comprensible que la gente se molestara al saber que se había ido. Marty imaginó las implicaciones que una falta de claridad podría tener en su centro de salud, especialmente cuando se trataba de cosas aún más importantes.

—Bueno, ¿cómo terminó con el Dr. Simpson? —Marty preguntó con calma.

—Dijo que lo que quería hablar con Dan no era gran cosa y que se presentaría a ti más tarde y luego me colgó abruptamente. No debería haberle dado la noticia de esa manera. Lo siento.

—No, Kate, en realidad no es gran cosa. Realmente es nuestra culpa por no dejar las cosas muy claras para ti, el equipo y el Dr. Simpson. Estoy segura de que puedo suavizar las cosas con él. Lo llamaré de inmediato.

—OK, bien. Solo quería asegurarme de que no me pasé de la raya es todo... con usted, quiero decir... en su primer día —dijo Kate, que aún sonaba algo nerviosa.

Marty entendió que la mayor parte del nerviosismo de Kate se debía a que tenía un nuevo jefe y no lo conocía realmente. También asumió que le había gustado trabajar para Dan y que la transición era probablemente aterradora para la mayor parte del equipo. Marty quería que ella y los demás se sintieran tan cómodos como siempre lo habían hecho con Dan.

—Escucha, Kate, realmente es nuestra culpa, y lo que le dijiste al Dr. Simpson está bien. Me gustaría que actuaras y te comportaras como cuando Dan estaba a cargo. ¿Está bien? Y una cosa más —Marty continuó antes de que pudiera responder—. Me gustaría charlar contigo unos minutos antes de que se vaya a pasar el día sobre algo en lo que creo que realmente puede ayudarme. Tengo algunas preguntas sobre cómo se hacen algunas cosas por aquí, y me gustaría aprender de ti sobre ellas.

—Sí, señor —respondió Kate, sonando un poco más confiada ahora—. Hablaré con usted entonces.

Marty colgó el teléfono.

—¿Qué fue todo eso? —Dan preguntó mientras Marty se inclinaba hacia atrás, sacudiendo un poco la cabeza.

—¿Estás seguro de que tú y Kate no hablaron hoy... sobre lo que iban a compartir conmigo? —Marty preguntó con una gran sonrisa en su cara mientras se imaginaba a Dan coordinando a la gente para interrumpir sus conversaciones justo en el momento preciso para hacer que sus puntos se hicieran realidad.

—No, ¿por qué? —Dan respondió inocentemente—. ¿Está todo bien?

—Sí —dijo Marty—, excepto que creo que Kate te ha dejado claro tu punto de vista sobre cómo dejar *todo* claro —volvió a sonreír para sí mismo mientras exageraba la palabra todo.

Marty continuó explicando lo que había sucedido y la confusión inicial que sintió cuando Kate informó del problema. Ambos se rieron mucho y luego Dan dijo: —Es increíble cómo la falta de claridad en algunas cosas aparentemente obvias puede causar problemas. Una cosa que debes saber, Marty, es que, en esta posición, si quieres hacer un buen trabajo, te encontrarás repitiéndote mucho. Y me refiero a mucho —dijo con énfasis.

Marty pensó en eso cuando Dan se inclinó hacia atrás y dijo: —Le he dicho al Dr. Simpson más de una vez que me retiraba, y enviamos una carta a su oficina como lo hicimos con todos nuestros socios de la comunidad. El Dr. Simpson siempre tiene tanta prisa y siempre tiene tanto en su mente... no se detiene a escuchar a veces —sacudió la cabeza—. Y esa es una de las razones por las que trabajar con él puede ser difícil, pero hablaremos de él más tarde —Dan tenía una sonrisa un poco sarcástica que hacía que Marty se sintiera un poco incómodo.

Enderezándose en su silla, Dan añadió, —Esto realmente trae un gran punto sobre la claridad.

Marty no estaba seguro de a qué se refería Dan. —Como mencioné, repetirse a menudo es la clave para establecer la claridad, así que acostúmbrate. Especialmente con el Dr. Simpson —dijo Dan, ahora sonriendo de una manera más genuina. Luego, más serio, añadió—, Una vez que sientes que has dicho las mismas cosas una y otra vez y otra vez es cuando puedes empezar a sentirte bien de que estás haciendo algunos progresos, especialmente alrededor de los artículos de la pizarra. He oído que se necesitan al menos siete veces para que alguien escuche un mensaje antes de que empiece a interiorizarlo y comprenderlo. ¡Siete! —Dan levantó siete dedos y levantó las cejas para dar énfasis.

Marty se preguntaba de nuevo sobre las implicaciones de establecer claridad cuando Dan continuó. —Obviamente también perdí una gran oportunidad de ser más claro al contarle a Kate nuestro plan de comunicación con nuestros socios externos y la comunidad sobre el próximo cambio de liderazgo. Kate nunca debió sentir que no estaba segura de qué decirle al Dr. Simpson —parecía un poco molesto—. Y aunque el Dr. Simpson y yo hablamos de mi partida en más de una ocasión, parece que no fue suficiente para que se asimilara. Así que esto te recuerda que la gente necesita oír las cosas al menos siete veces.

Dan hizo una pausa por un momento cuando de repente su teléfono celular comenzó a sonar. Rápidamente lo sacó de su bolsillo y mirándolo en su mano, dijo: —Es mi esposa. Tomémonos un minuto —Marty asintió, y antes de que pudiera decir nada, Dan se puso el teléfono en la oreja y dijo—: Hola, cariño.

Marty decidió que este era un gran momento para hacer una llamada rápida él mismo. Tomó el teléfono y marcó el número del Dr. Simpson.

El Rol Más Importante

Mientras Dan y Marty volvían a las mismas sillas en las que se habían sentado antes, Dan dijo: —Lo siento, Marty. Normalmente cuando estoy en medio de una conversación con alguien, no atendería el teléfono, pero hoy se suponía que iba a ser mi primer día de retiro, así que estoy intentando mantenerme en buenos términos con la Sra. Rosier —sonrió y añadió—: Si no lo hago, puede que me destierren para trabajar el resto de mis días —ambos hombres se rieron casi al unísono.

—No, está bien —dijo Marty—. De verdad. En realidad, me dio la oportunidad de llamar al Dr. Simpson y aclarar las cosas. Está bien, y nos reuniremos mañana por la tarde cuando lleguen sus tres pacientes.

—Eso es genial —dijo Dan. Marty notó una mirada de aprobación en la cara de Dan, que le hizo sentir bien por su respuesta a un importante socio y cliente.

—El Dr. Simpson puede ser un poco difícil a veces, pero es un gran médico que estimula a los que están a su alrededor a dar lo mejor de sí. Cuando uno entiende eso de él, que tiene altos estándares para todos los que trabajan en el cuidado de la salud, hace que uno quiera trabajar con él y ser mejor. Una vez que lo conoces, se hace fácil aceptar algunas de sus debilidades debido a todas sus fortalezas —agregó Dan.

Marty pensó en eso mientras Dan continuaba. —Como puedes ver con el incidente del Dr. Simpson y Kate, todavía no soy perfecto en esto. Tuve tantas cosas que traté de terminar antes de mi último día que no le dejé saber claramente a Kate sobre cómo responder a las personas cuando se le preguntó sobre el cambio de CEO. Esta no es una buena excusa, pero lo que trato de decir es que dejar las cosas claras es un esfuerzo constante y diario para los grandes líderes. No hay una línea de meta con claridad. Debe estar siempre en la cima de su lista de prioridades. Cuando no te esfuerzas constantemente por establecer claridad, tendrás situaciones como las de Kate y el Dr. Simpson como las que tuvimos hoy, solo que tendrán el potencial de causar consecuencias mucho peores —Dan enfatizó mucho las palabras mientras se deslizaba en su silla y parecía relajarse un poco.

—Sé que ya he dicho esto más de una vez, pero la repetición es la clave del éxito con claridad. Puede que te canses de repetir las mismas cosas, pero es muy importante que te mantengas firme. Establecer la claridad en el centro de salud es quizás tu rol más importante aquí como el líder a cargo. No se me ocurre otra forma en la que puedas añadir más valor en tu nuevo puesto.

Marty se sorprendió de lo mucho que Dan sentía por esta primera *C*. Honestamente nunca había considerado lo importante que era la claridad; ni tampoco había pensado mucho en ello en sus anteriores roles de liderazgo. Claro que había tratado de ser claro en las cosas importantes, pero nunca lo había tenido conscientemente como una prioridad. Podía entender cómo la claridad hacía a los líderes más efectivos y más fáciles de trabajar, pero ¿era realmente su rol más importante?

Dan se puso de pie y caminó detrás de la silla en la que había estado sentado, poniendo sus manos en el respaldo de la misma para soportar su peso. —Si me permites, Marty, me gustaría compartir una historia antes de ser gerente aquí en Wiser Care.

—Claro —dijo Marty sinceramente—. Por favor, comparte.

—Me dieron una asignación temporal para dirigir un pequeño centro de salud que estaba creciendo. Mi tarea era mantenerlo unido durante dos meses mientras intentaba aclarar algunas cosas antes de que llegara el nuevo director general permanente. Sabía que me evaluarían por mi desempeño y que la compañía quería ver cómo me iría dirigiendo un centro, aunque fuera por poco tiempo.

Marty estaba familiarizado con esta práctica ya que muchas veces los aspirantes a líderes en Wiser Care eran retirados de sus posiciones normales de responsabilidad para llenar temporalmente donde había una vacante de liderazgo.

—En mi primer día de trabajo allí, reuní a todo el equipo de liderazgo y les informé que quería un informe escrito diario de cada uno de ellos sobre su progreso en la mejora de sus áreas específicas de responsabilidad. Les expliqué cómo esperaba que la comunicación alcanzara su punto más alto y que sentía que era necesario que tuviera una buena idea general de la situación de cada departamento, dados los desafíos a los que se enfrentaba la operación. Les expliqué que estos informes debían incluir no solo sus progresos, sino también cualquier contratiempo que tuvieran y en el que yo pudiera ayudarles. Les aseguré que los leería cada día. Incluso les mostré un buen ejemplo del tipo de informe que esperaba y les proporcioné algunas preguntas que podían responderme en sus informes escritos. Finalmente, les hice saber que era inaceptable no entregar un informe diario. Estaba seguro de que había sido muy claro y sentía que todos sabían exactamente lo que se requería.

Dan volvió a su silla y se sentó, mirando al suelo y sacudiendo un poco la cabeza. —Me sentí tan confiado y seguro de que todos sabían exactamente dónde estaba y qué quería de ellos.

Dan hizo una pausa por un momento antes de mirar hacia arriba y continuar. —Casi todos los jefes de departamento me dieron exactamente lo que buscaba sin problemas, con la excepción de una persona. Lo que me sorprendió de esta persona fue que a menudo se detenía para decirme lo que estaba haciendo, pero yo había dicho claramente que quería informes en papel. Después de unos días, sus actualizaciones verbales empezaron a ponerme de los nervios, pero algo me sorprendió. Me di cuenta de que este individuo se quedaba más tiempo que los demás y parecía estar trabajando muy duro para hacer un buen trabajo; sin embargo, todavía no había informes escritos. Empecé a mencionar cosas de manera casual y a dejar pistas en nuestras conversaciones y reuniones, pero aún así nada. Cuanto más tiempo pasaba esto, más me irritaba y se me empezaba a notar. Me volví muy cortante con él cada vez que venía a darme una actualización verbal.

Dan se detuvo, y Marty pudo ver que estaba reflexionando sobre el momento. —Odio admitirlo ahora, pero en ese momento, el hecho de que no me diera informes escritos me molestó tanto que empecé a tratar de evitarlo por completo. Mi pensamiento era que, si no podía darme un informe verbal, tal vez le obligaría a darme un informe escrito, que es lo que realmente quería de él.

Dan se detuvo, frunció el ceño y dijo: —Ahora que lo pienso, por alguna razón, Marty, en aquellos días, sentí que tenía que tenerlo todo en papel. Supongo que porque me daba algo tangible que podía tener para demostrar lo duro que trabajábamos todos si alguna vez me cuestionaban. Esto probablemente suena bastante extraño para ti. Pero mira cómo han cambiado las cosas —Dan sacudió la cabeza.

Marty asintió y sonrió, pero decidió no interrumpir.

—Debes pensar que a estas alturas soy muy viejo y un líder terrible —Dan sonrió, relajándose un poco.

Marty sintió que sería una buena idea aligerar un poco el ambiente y no pudo resistirse. —Sin duda eres un anciano, Dan, pero aún estoy evaluando tus habilidades de liderazgo —dijo con una gran sonrisa, y Dan se rio a carcajadas.

—Bueno, me alegro de que hayamos puesto eso sobre la mesa —dijo Dan, todavía riéndose.

Marty añadió: —Solo estoy bromeando. Lo sabes, ¿verdad? —estaba un poco preocupado de que pudiera haber ido demasiado lejos.

Dan miró a Marty con un poco de escepticismo, como si no estuviera seguro de poder confiar en él, y ambos volvieron a reírse. Marty disfrutó de que Dan le devolviera la broma.

—De todos modos —continuó Dan, empezando a sonar más serio otra vez—, a pesar de mis indirectas a esta persona, todavía no tenía nada de él en términos de un informe escrito. Esto continuó por un tiempo más hasta que finalmente, me harté de este jefe de departamento. Después de algún incidente que me molestó, tomé la decisión que necesitaba para enfrentar a este líder. Así que tomé varios informes que los demás habían entregado y me dirigí directamente a su área de trabajo. Estaba preparado para mostrarle lo atrasado que estaba en sus informes y exigirle que me consiguiera algo de inmediato.

Dan sopló un poco de aire mientras se sentaba en su silla. —Chico, me equivoqué. Me enfrenté a este líder frente a otros, prácticamente lanzándole un puñado de informes a la cara. Entonces me di cuenta. No estoy seguro de por qué sucedió en ese momento, pero así fue. Recordé que esta persona no había estado en la reunión inicial donde expliqué detalladamente la importancia de informar a todos los jefes de departamento. Lo que empeoró las cosas para mí fue que la razón por la que no había estado en la reunión fue porque cubrió de buena gana a una enfermera ese día que no pudo llegar al trabajo. Así que no solo hizo su propio trabajo ese día, sino también el de otros. Me sentí increíblemente avergonzado al darme cuenta de esto, pero en vez de decir nada, me fui furioso, sintiéndome avergonzado por lo que acababa de hacer.

—Vaya —dijo Marty en voz baja, un poco sorprendido. Se dio cuenta de lo mal que se sentía Dan, así que añadió—: Pero ese es un error que cualquiera de nosotros podría cometer. Quiero decir, era inocente. Todos cometemos errores. Y probablemente debería haber preguntado qué se había perdido en esa reunión.

—Eso puede ser cierto, pero he dejado que esta cosa me coma. La cantidad de energía que drenaba, el estrés que causaba y cómo me distraía de lo que debería haber estado enfocado podría haberse evitado con un poco más de claridad. Si tan solo hubiera reiterado mis expectativas del informe escrito y por qué era importante unas cuantas veces más, asegurándome de que mis expectativas y estándares de desempeño fueran claros para todos, podría haber evitado toda esta situación.

Marty podía ver el punto de vista de Dan, pero aún sentía que Dan estaba siendo demasiado duro consigo mismo.

—Y la cosa es, Marty, incluso si este jefe de departamento hubiera estado en esa reunión, rara vez la gente recibe el mensaje la primera vez que se lo decimos. ¿Recuerdas la regla de los siete tiempos?

Marty pensó en eso por un momento mientras Dan continuaba. —Asegurarse de que tus expectativas son claras repitiéndolas a menudo es muy importante. Aprendí de esta experiencia lo importante que es la claridad, y desearía poder decir que he sido perfecto desde entonces. Pero la realidad es que ha habido muchos casos similares en los que no he usado la claridad a mi favor. Incluso ahora estoy siempre trabajando en ello —Dan todavía parecía un poco abatido después de reflexionar sobre cómo había tratado a este jefe de departamento hace tiempo.

Marty quería decir algo que ayudara a Dan a sentirse mejor, pero no estaba seguro de qué.

—De hecho, el mayor error que cometen los líderes con claridad es creer que han sido claros cuando la realidad es que no lo han sido. Es horrible sentir que todo el mundo debería saber lo que quieres, y luego te molestas por ello solo para descubrir que la gente no tenía ni idea. de que no se habían tomado el tiempo para ser claros.

Dan hizo una pausa por un momento antes de agregar: —La claridad es una poderosa herramienta de liderazgo, y lo curioso es que no solo es increíblemente efectiva, sino también libre. No te cuesta nada. Y todos los líderes pueden usarla si así lo deciden, independientemente de su pericia o experiencia —dijo Dan, mirando a Marty. Marty asintió para mostrar que estaba de acuerdo.

Marty sintió que realmente estaba empezando a entender por qué la claridad era la primera C y la base del modelo de Dan para el éxito del liderazgo. Estaba agradecido de que Dan hubiera compartido una historia tan personal con él, aunque todavía le resultaba difícil imaginar a Dan comportándose de la manera que había descrito en su historia. Marty tenía lo que él sentía que era una cuestión importante.

Pregunta Importante

—Entonces, ¿cómo me aseguro de que las cosas están claras? —Marty preguntó sinceramente.

—Pensé que nunca lo preguntarías —respondió Dan con una pequeña sonrisa.

—Nunca puedes sobrecomunicarte con tu gente —Dan miró de cerca a Marty como si comprobara dos veces para asegurarse de que estaba escuchando—. De nuevo, déjame repetírtelo. Creo que como líder nunca puedes comunicarte en exceso. Es simplemente imposible. Para establecer un alto nivel de claridad, necesitas convertirte en un disco rayado y repetirte a menudo. Especialmente alrededor de los bloques de construcción y de los grandes temas que discutimos. Permíteme reiterar que me refiero a una y otra vez —dijo Dan, girando su brazo derecho en un movimiento circular delante de él. Marty tuvo que reírse del entusiasmo de Dan—. No solo necesitas discutir estas cosas repetidamente, sino que también necesitas encontrar formas de reforzarlas.

Dan se detuvo un momento como si estuviera a punto de decir algo importante. Marty giró ligeramente la cabeza para escuchar. —Una de las mejores maneras de hacerlo es convirtiéndolos en una parte importante del sistema de tu gente.

Marty levantó una de sus cejas, sin estar seguro de haber entendido lo que Dan acababa de decir. Dan parecía saber que se acercaba y rápidamente añadió: —Los sistemas de personas son cualquiera de sus procesos que se ocupan de las personas, como su proceso de entrevista, su proceso de incorporación, la orientación de los nuevos empleados, los sistemas de recompensas y reconocimiento, las compensaciones e incentivos, las reuniones, los procesos de evaluación de los empleados e incluso los procesos disciplinarios y de despido. Todos estos sistemas de personas deberían reforzar los elementos básicos. Los componentes básicos deberían ser el punto central de cada uno de ellos.

Marty hizo una nota para preguntarle a Kate y a su director de recursos humanos sobre esto.

—También puedes reforzarlos en todas las formas de comunicación, como correos electrónicos, memorandos, boletines, tablones de anuncios, incluso camisetas y regalos. Sea lo que sea que estés haciendo, encuentra maneras de aclarar el propósito principal o la misión de tu equipo, hacia dónde te diriges o tu visión, y las expectativas de comportamiento que defiendes o tus valores. Así es como lo haces. Puede ser simple —dijo Dan con una sonrisa.

—Simple, ¿eh? —Marty dijo sarcásticamente. Aunque no era difícil de entender, la idea de comunicarse constantemente y crear claridad parecía un poco desalentadora. Sin embargo, tenía sentido, y Marty comenzó a preguntarse por qué más líderes no se centraban en ello.

—Permítame compartir un ejemplo rápido de lo que quiero decir. Hace unos años, queríamos que la gente que se postulaba a nuestro centro de salud supiera qué es lo que más nos importaba y dejara muy claro por qué venimos a trabajar todos los días. Demasiados miembros nuevos del equipo no se ponían al día lo suficientemente rápido, y a menudo no se daban cuenta realmente en qué se estaban metiendo cuando se unían a nosotros —Dan sonrió—. Así que creamos una página adicional a nuestra solicitud formal donde enumeramos nuestra declaración de misión y preguntamos cómo el solicitante nos ayudaría a vivir nuestra misión todos los días.

Marty pensó que eso sonaba como una gran manera de establecer claridad en torno a la misión. Dan añadió: —También hemos dado un paso más. Añadimos nuestros valores fundamentales al formulario y pedimos al solicitante que nos dijera cómo había vivido nuestros valores fundamentales en su vida —hizo una pausa por un momento antes de agregar—: Esta simple página adicional a nuestra solicitud trajo mucha claridad a los que la solicitaban. Les informó desde el principio lo que más nos importaba aquí en nuestro centro. Después de todo — dijo Dan, encogiéndose de hombros—, tuvieron que escribir un ensayo corto sobre nuestra misión y valores solo para aplicarlos. Entonces realmente nos dimos cuenta de lo importante que era hacerles varias preguntas durante el proceso de entrevista sobre sus respuestas en esta página en particular de la solicitud. De hecho, no entrevistamos a nadie para ningún puesto hasta que hubieran rellenado completamente esta página de nuestra solicitud. Es la primera página a la que acuden todos los entrevistadores de nuestro centro.

Marty se inclinó hacia atrás, tomando este simple proceso y viendo cómo ayudaría a crear claridad alrededor de algunos de los bloques de construcción.

Dan continuó. —Debido a nuestro deseo de mejorar la claridad, la gente que acababa de ser introducida en nuestra organización rápidamente entendió lo que representamos y lo que somos. Este ajuste a nuestra aplicación reforzó la claridad para todos los involucrados en el proceso de entrevista también.

Marty estaba impresionado por lo simple que era este ejemplo y por lo efectivo que imaginaba que era para establecer claridad en torno a las cosas más importantes. Podía entender cómo hacer este cambio proporcionaba más claridad en toda la organización ya que cada nuevo empleado que empezaba ya tenía una buena idea de cuál es la misión y los valores del centro.

Dan continuó. —La claridad estimula la confianza, que es la clave de su capacidad para liderar eficazmente. La claridad también establece los cimientos de tu éxito como líder. De hecho, la claridad puede ser la *C* más importante del modelo porque establece la base para que el resto de tu cultura se construya. Por eso es que está en la base de nuestra pirámide allí —Dan giró la cabeza y señaló lo que había escrito en la pizarra—. La claridad es la base de una cultura fuerte y saludable... es la base que establecen los líderes más eficaces.

Marty asintió, absorbiendo la información y el conocimiento que Dan estaba compartiendo.

—Así que encontrar constantemente formas de crear claridad te hará un mejor líder que la mayoría de los jefes de ahí fuera, porque muchos no le prestan tanta atención o no se dan cuenta del impacto que tiene —Dan hizo una pausa como si quisiera que eso le absorbiera por un momento—. Aunque esto es solo la base de nuestro modelo, la claridad por sí sola puede ayudar mucho a que su centro de salud prospere y florezca.

»¿Pero por qué detenerse ahí, verdad? —Dan sonrió—. La claridad, junto con las otras tres *C's*, te ayudará a tener resultados verdaderamente grandes y a hacerlo de una manera que sea duradera y significativa.

Marty consideró lo que las otras tres *C's* podrían ser. Dan dijo: —Desafortunadamente, a lo largo de los años, ha sido mi experiencia que las personas con autoridad a menudo no son muy buenas para crear claridad. A veces puede deberse a una falta de habilidad; otras veces puede ser una falta de comprensión de lo importante que es. En raras ocasiones puede ser intencional, como cuando un jefe retiene o niega la claridad porque de alguna manera los hace sentir más poderosos, importantes o en control. Sin embargo, lo más frecuente es que los líderes crean que están siendo claros cuando no lo son. Esta ha sido mi mayor lucha con la claridad, y estoy seguro de que será la tuya. Debes recordar la regla de los siete tiempos, Marty. Recuerda que solo porque esté claro en tu mente no significa que esté claro para los demás. Y solo porque hayas dicho algo una o dos veces no significa que nadie lo haya entendido, interiorizado o retenido. Independientemente de la razón, debes evitar la trampa de la falta de claridad que le sucede a demasiados líderes y organizaciones. Cuando las cosas no están claras, puede socavar tus otros esfuerzos para ser un jefe impresionante.

Marty pensó que ahora sabía todo lo que Dan estaba describiendo ya que parecía que muchos de los líderes para los que había trabajado habían luchado por dejar claras las cosas más importantes. Marty comenzó a preocuparse de que él mismo pudiera haber sido uno de ellos. Ciertamente sabía que no siempre tenía claro todos los puntos que Dan había enumerado en el tablero con los equipos y departamentos que había dirigido en el pasado. Marty se comprometió a ser más abierto y transparente con los que dirigía y quería proporcionar la mayor claridad posible a su nuevo equipo.

Falta de Claridad

—Sé que ya he hablado mucho —dijo Dan—. Pero creo que sería prudente contarte otra historia personal que ilustre la importancia de la claridad —Marty tenía curiosidad por saber dónde iría Dan a continuación y se inclinó hacia adelante en su silla.

—Cuando me convertí en director de operaciones de Wiser Care hace muchos años, fue en un gran centro de salud. Estaba agradecido por la oportunidad, y las cosas iban bien, al menos, pensé que iban bien. Es decir, hasta que mi directora de admisiones me dijo que estaba renunciando.

El interés de Marty se despertó cuando miró a Dan, que se movía en su silla como si tratara de ponerse cómodo de nuevo. Luego dijo: —Tienes que entender, Marty, que esta directora de admisiones fue increíble. Sentí que ella era una gran razón para el éxito del centro. Nuestro centro tuvo más admisiones de pacientes en un mes que muchos otros centros en un trimestre. No hace falta decir que el rol de la directora de admisiones fue fundamental en ese centro —Dan hizo una pausa por un momento antes de agregar—: Sentí, al igual que la mayoría de los otros líderes del centro, que teníamos una de las mejores directoras de admisiones que hay, pero ahora, después de unos meses bajo mi supervisión, se estaba yendo. Como puedes imaginar, estaba en pánico.

Marty sabía lo estresante que era cuando la gente buena se iba. Reemplazar a los jefes de departamento nunca fue fácil, y perder a uno que era realmente bueno, eso siempre retrasaba la operación. Podía tomar meses para que un nuevo jefe de departamento se pusiera al día, y entonces nunca sabías con seguridad cómo se desempeñaría. Mantener a los líderes probados que eran exitosos era tan importante para cualquier centro.

—Así que hice lo que todo buen líder haría en mi situación. Le rogué que se quedara —dijo Dan con una sonrisa. Marty adivinó que solo estaba bromeando parcialmente—. Le pregunté por qué se iba y me sorprendió mucho lo que me dijo.

Marty esperó con anticipación, preguntándose qué podría haber dicho.

—Dijo que no estaba segura de por qué, pero que ya no era feliz en el trabajo. Había estado haciendo el trabajo por un tiempo en ese centro y sentía que tenía éxito en él, pero compartía que en realidad no estaba segura de si su desempeño era lo suficientemente bueno para mí —Dan hizo una pausa como si dejara que eso resaltara antes de añadir—: Ahora imagina cómo mi mandíbula golpeó el suelo al oír esto. Asumí que era obvio que estaba haciendo un trabajo increíble, pero no estaba claro para ella.

Marty estaba un poco sorprendido.

—Y no se detuvo ahí. También informó que no sentía que lo que estaba haciendo estaba haciendo una gran diferencia. Me informó que le temía a los lunes por la mañana y que no quería seguir sintiéndose así.

En ese momento Marty sintió que podía relacionarse de alguna manera con los sentimientos de este jefe de departamento, habiendo experimentado algunos de ellos en diferentes momentos en el pasado mientras trabajaba en Wiser Care. Por supuesto, no iba a dejar que Dan lo supiera.

—Luego dijo que por estas razones sentía que necesitaba irse, para encontrar un lugar donde realmente pudiera marcar la diferencia, cumplir con las expectativas y agregar valor. Sin embargo, ella estaba haciendo cosas maravillosas para nosotros —Dan levantó la vista con una mirada de preocupación en su rostro.

—Vaya... —dijo Marty finalmente, preguntándose en voz baja qué pasó después.

—Lo sé —dijo Dan—. No podía creer lo que estaba escuchando. Casi me caigo de mi silla durante nuestra conversación. Era una de mis mejores jefas de departamento, ¡y pensaba que no estaba añadiendo mucho valor o haciendo un gran trabajo!

—¿Y qué hiciste? —Marty preguntó.

Dan se sentó y pareció como si estuviera pensando por un momento. —Primero, me disculpé. Le dije que sentía no haberme comunicado más con ella. Le prometí que mejoraría. Luego le expliqué lo importante que era para el equipo y cómo nos ayudaba a vivir nuestra misión y a alcanzar nuestra visión. Le dije que estaba jugando un rol crítico en el éxito del centro. Finalmente, le mostré cómo el rendimiento de nuestro departamento de admisiones se comparaba con el de otros centros hermanos de la organización y cómo ella estaba liderando el camino en muchas de las métricas importantes. Me aseguré de que supiera que estaba haciendo un trabajo fantástico y contribuyendo al éxito del centro. Decidí ir un paso más allá y le mostré el rendimiento del centro en el pasado antes de su llegada y lo comparé con el rendimiento desde su llegada. Fue impresionante ver su impacto en los resultados de su departamento.

Marty estaba impresionado por lo que Dan había hecho. Dan añadió: —Intenté hacer todo lo que pude para ayudarla a entender cómo el trabajo que estaba haciendo estaba realmente marcando una gran diferencia en las vidas de tantos.

Marty pensó en esto por otro momento y decidió que Dan era muy inteligente en cómo había manejado esta difícil situación. Lo que Marty realmente quería saber ahora era si había funcionado. ¿Se quedó con la compañía? Antes de que pudiera preguntar, Dan siguió adelante.

—Afortunadamente, por intervención divina, estoy seguro de que lo que había hecho marcó una gran diferencia para ella. Pude ver que sus ojos se iluminaron cuando vio claramente cómo estaba actuando y cómo estaba impactando en nuestros resultados. Acordamos reunirnos mensualmente para revisar los resultados de nuestro departamento de admisiones y compararlos con nuestros centros de salud hermanos. También establecimos objetivos claros que la ayudarían a mejorar las cifras ya impresionantes que tenía en el departamento, y seguimos de cerca su desempeño. Y aunque no se lo dije abiertamente, hice un esfuerzo consciente para recordarle a menudo cómo su trabajo era directamente importante para nuestra misión y visión para nuestro centro. Me aseguré de que supiera que su trabajo era importante. Afortunadamente, todo esto pareció cambiar las cosas para ella, y se quedó.

Marty se sentó, aún impresionado por lo que Dan había hecho y sintiéndose aliviado por cómo habían resultado las cosas. —Una maniobra bastante ingeniosa —dijo Marty finalmente, tratando de hacer pasar un mal rato a Dan, añadiendo—, Parece que tu rapidez de pensamiento realmente valió la pena.

—Valió la pena, pero espero que no te equivoques. Nunca debería haber llegado a ese punto. La completa falta de claridad que existía entre los que se suponía que estaba guiando estaba más allá de lo problemático. Sin esa conversación, estoy seguro de que la habríamos perdido a ella y probablemente a otros. Casi pierdo a uno de mis mejores líderes por falta de claridad.

Marty asintió lentamente ahora cuando se dio cuenta de cómo la claridad, o la falta de ella, había causado un problema significativo. Dan continuó. —Esa experiencia me abrió los ojos a lo importante que es proporcionar claridad. Muy a menudo los líderes piensan que las cosas están claras cuando no lo están. Pensé que mi jefe de departamento sabía que estaba haciendo un trabajo increíble, pero mirando hacia atrás, me di cuenta de que rara vez se lo había mencionado, así que ¿cómo lo habría sabido? La mayoría de las cosas de la lista de allí —Dan señaló a la junta—, no estaban claras.

Aunque Dan le había dicho a Marty que no siempre se había esforzado por implementar las cuatro C's, Marty aún se sorprendió al oír que en una época en la que Dan no proporcionaba buena claridad a su equipo. Esto en realidad lo hizo sentir un poco mejor acerca de sí mismo y su desempeño como líder a lo largo de los años. Aunque no había pensado en la claridad de la forma en que Dan le había ayudado a pensar hoy en día, Marty creía que era un líder que lo hacía mejor que los demás. Ahora, habiéndolo establecido por Dan y sintiendo que por fin entendía su importancia, Marty sabía que este conocimiento le ayudaría a mejorar.

Dan continuó. —Cuando hay una falta de claridad, tu gente puede sentir fácilmente que están atascados en una rutina o que sus trabajos no tienen importancia o que no están realmente logrando o contribuyendo a algo grande.

Marty seguía considerando todo lo que Dan compartía cuando añadió: —Sin claridad, a menudo la gente no se sentirá exitosa. De hecho, puede que no sepan en absoluto cuál es su posición, y eso es un mal presentimiento.

Marty esperó unos segundos para asegurarse de que Dan había terminado antes de decir: —Estoy de acuerdo en que esta historia es una buena ilustración de lo importante que puede ser la primera *C*. Gracias por compartirla conmigo.

—Un placer —respondió Dan, añadiendo rápidamente—, ¿Puedo compartir un ejemplo más simple de lo que estamos haciendo aquí en nuestro centro de salud para mejorar la claridad?

—Por favor, comparte —respondió Marty, genuinamente emocionado por escuchar más.

—Hace unos quince años, empezamos a tener algunos problemas. Aunque mis primeros cuatro años aquí fueron exitosos, el quinto año comenzó lento y luego empeoró. Empezamos a luchar de verdad, tanto, que la oficina corporativa se ofreció a enviar alguna ayuda extra para ayudarnos a volver al camino. Yo no quería eso, y sabía que nuestro equipo podría resolverlo. Teníamos algunos nuevos jefes de departamento en puestos clave, y las cosas no estaban funcionando como deberían.

—Con el tiempo, se hizo muy evidente que mi equipo no se comunicaba bien, y demasiados líderes comenzaron a tomar decisiones de forma aislada que afectaban a otros. Se estaban haciendo muchas suposiciones. Sabía que mi equipo estaba frustrado con los demás, y yo estaba extremadamente frustrado porque mis esfuerzos por ser claro no estaban funcionando lo suficientemente bien —Dan se movió incómodamente en su silla—. En realidad, todavía estoy molesto cuando pienso en nuestra sustancial caída en el rendimiento en la primera mitad de ese año... nunca debió haber sucedido —parecía un poco molesto y sacudió la cabeza lentamente.

Marty estaba muy intrigado por escuchar más, pero tampoco pudo resistir la tentación de divertirse con Dan. —Tienes razón; tal vez no seas un gran líder después de todo —Marty trató de sonar lo más serio posible, pero no pudo mantener la cara seria cuando Dan levantó la vista rápidamente y pareció sorprendido.

—Lo siento. No pude resistirme —dijo Marty, riéndose ahora—. Por favor, continúa —Marty se preguntaba si debería haber interrumpido a Dan. Tenía curiosidad por saber qué pasó después y esperaba que Dan no tomara su broma como algo diferente.

Dan dudó, luego se rio, relajándose un poco como si finalmente se diera cuenta de que Marty se estaba divirtiendo con él otra vez. —Es bueno que me retire. No estoy seguro de poder seguir el ritmo de los jóvenes problemáticos de hoy en día.

—Lo siento, realmente quiero saber qué pasó después. No debí haber interrumpido.

Dan agitó su mano como si no fuera gran cosa. —Veamos, ¿dónde estaba? Ah, sí. Aunque respondí a nuestro problema de comunicación más lentamente de lo que debería, me reuní con mi equipo central de líderes aquí en el centro, y decidimos juntos implementar una breve reunión al comienzo de cada día con todo nuestro equipo de líderes.

—Ahora, ya sabes cómo se siente la gente acerca de las reuniones adicionales, así que sabíamos que esto no sería una idea popular. Pero razonamos que, si nos concentrábamos y éramos concisos en esta reunión, solo nos llevaría unos diez minutos cada día. También creímos que realmente podría ayudarnos a mejorar la claridad.

Marty sabía cómo la mayoría de los líderes respondían a la idea de reuniones extras, y estaba seguro de que Dan había recibido un empujón en esta posible solución a su problema. Aunque no estaba seguro de cómo se sentía sobre la celebración de una reunión diaria por la mañana, estaba intrigado por saber más.

—Una vez que presentamos la idea, hubo cierta resistencia y muchas buenas razones por las que no parecía sensata. Sin embargo, también pude detectar que nuestro equipo sabía que probablemente lo necesitábamos, así que empezamos a tener las reuniones —Dan hizo una pausa por un minuto—. Uno de mis directores de entonces amaba el fútbol americano, y acuñó estas reuniones como nuestro 'Daily Morning Huddle', y el nombre se quedó. De hecho, la analogía creció, y pronto nos acurrucamos cada día para discutir nuestra 'jugada para ese día', como todavía nos gusta llamarlo.

Marty sonrió y esperó a que Dan continuara.

Dan continuó, ampliando la comparación con el fútbol americano. —Piensa en lo que pasaría en un partido de fútbol americano si nadie supiera cuál es la siguiente jugada. Imagina si todos tuvieran que adivinar cuál jugada ejecutar. Piensa en la confusión y la frustración que se crearía si el corredor asumiera que iba a ser una jugada de carrera, pero el mariscal de campo asumiera que era una jugada de pase. O si el técnico de línea bloqueó para un pase corto de proyección en lugar de una bola larga. ¿Hay alguna manera de que ese equipo de fútbol americano tenga éxito?

—Lo dudo mucho —respondió Marty. Sonrió al pensarlo.

—Tal era el estado de mi equipo. Creo que la mayoría de nosotros teníamos buenas intenciones, pero cada día hacíamos jugadas diferentes. El marketing pensaba que era una bola larga, mientras que la enfermería pensaba que era una simple jugada de carrera. Así que decidimos que necesitábamos reuniones matutinas para que todos estuvieran en la misma página, todos necesitábamos saber la jugada.

Dan hizo una pausa, mirando a Marty como si pensara que Marty iba a decir algo. Marty no tenía nada que añadir en este momento, así que se sentó adelante, esperando en silencio, y Dan continuó.

—Como una reunión en un partido de fútbol americano, la reunión de esta mañana es rápida pero efectiva. Normalmente dura diez o quince minutos como máximo, pero permite a nuestro equipo de liderazgo compartir rápidamente lo que cada uno está haciendo y estar en la misma página. Cosas simples que normalmente requieren múltiples correos electrónicos y comunicación cruzada se resuelven en menos de un minuto —Dan se sentó de nuevo en su silla—. Lo mejor de todo es que me da la oportunidad de compartir un mensaje unificador con todo mi equipo de liderazgo cada día. Puedo centrar nuestros esfuerzos en nuestras mayores prioridades. Esta rápida reunión diario nos ayudó a restablecer una tremenda claridad en nuestro equipo. Al poco tiempo, estábamos haciendo la misma jugada cada día, y nuestros resultados dieron la vuelta.

Una vez más, Marty quedó impresionado con la simplicidad y la eficacia de lo que Dan estaba haciendo en el centro para crear claridad. Marty quería aprender mucho más.

—Esta reunión diaria hizo más por nosotros de lo que nunca imaginamos. Aunque lo vimos como una forma sencilla de mejorar la comunicación, también nos acercó más como equipo e incluso nos ayudó con algunas de las otras *C's* del modelo. No puedo imaginarme la vida en este momento sin esta reunión matutina diaria.

—Creo que empiezo a entender la importancia de la claridad —declaró Marty. Tenía un millón de pensamientos en su cabeza, pero el que prevalecía era que estaba seguro de que la claridad iba a ser crítica para su éxito como CEO.

Entonces un pensamiento tranquilizador, pero también preocupante vino a su mente. ¡Este es solo el primero! ¡Y tengo que hacer tres más! Marty comenzó a preguntarse qué podrían ser las otras tres C's y lo difícil que sería implementarlas.

Mirando el reloj de la pared detrás de Dan, Marty se dio cuenta de que era más de mediodía. Por una fracción de segundo, consideró tratar de persuadir a Dan de quedarse más tiempo para explicar el resto de las C's, pero luego lo pensó mejor. No podía pedirle a Dan que hiciera tal cosa cuando se suponía que estaba disfrutando de su retiro. En su lugar, Marty preguntó: —¿Puedes darme algún otro ejemplo de lo que has hecho para ayudar con la claridad antes de irte? —esperaba aprender un poco más.

Dan sonrió. —Probablemente podría hablarte toda la semana de claridad si me dejas, pero créeme, no quieres eso ahora mismo. Solo recuerda que a la gente le gusta estar al tanto; les gusta ver con claridad. Les ayuda a sentirse importantes, y aporta alineación a tu equipo. Cuanto más te comuniques y le des claridad a tu equipo, mejor. Deberías esforzarte por hacer todo lo más claro posible. Nunca olvides que la repetición es la clave de la claridad.

Mientras los dos líderes se sentaban en silencio por un momento, Marty reflexionó sobre todo lo que Dan había compartido con él esa mañana. Como una tonelada de ladrillos, finalmente Marty se dio cuenta de que Dan había aprendido la importancia de cada *C* a través de sus muchas experiencias. Pensó que, durante los cuatro días siguientes, aprendería lo que le había costado a Dan toda una carrera entender. Marty se sintió increíblemente agradecido de que Dan compartiera el conocimiento que había adquirido en sus muchos años de servicio como líder.

Marty se recostó en su silla, sintiendo que Dan estaba a punto de terminar los asuntos del día.

Salida

Dan suspiró un poco y luego se inclinó hacia atrás en su silla. —Sé que es tu primer día de trabajo y que tienes mucho que hacer hoy, pero déjame compartir contigo una cosa más sobre la claridad, porque todavía siento que no he sido lo suficientemente claro —una rápida sonrisa apareció en la cara de Dan de nuevo, mientras que él disminuyó la velocidad para enfatizar la palabra "claro", como Marty había hecho más temprano en el día.

Marty lo disfrutó y sonrió genuinamente mientras Dan continuaba. —Sabes que solo serás lo suficientemente claro cuando los miembros de tu equipo empiecen a terminar tus frases. Hasta entonces, sigue comunicando y aclarando. No hay nada más agradable para mí que cuando uno de los miembros de mi equipo me interrumpe y dice: —Lo sé, lo sé... —y terminan mi frase por mí. Entonces y solo entonces sabes que estás progresando bien con la primera C.

Marty tuvo que reírse para sí mismo, imaginando a la gente interrumpiendo a Dan y completando sus frases por él. Se daba cuenta de que Dan iba en serio, e incluso se imaginaba a Dan repitiéndose una y otra vez con su equipo. Marty se preguntaba si su personal se molestaba alguna vez por ello. Aunque no estaba seguro, al caminar por el centro de atención médica podía saber que la gente que trabajaba allí amaba y respetaba a Dan.

—Bueno, ya se está haciendo tarde, y he ocupado toda la mañana, así que creo que me iré a casa para tratar de disfrutar mi primera tarde de retiro mientras ustedes hacen algo de trabajo por aquí. Honestamente, Marty, si nos detuviéramos aquí y aplicaras solo la primera *C*, la base del modelo, te haría un líder mucho mejor que la mayoría de los demás que no entienden la importancia de esto o no le prestan tanta atención.—

Mientras Marty consideraba ese pensamiento, Dan añadió—: Pero no nos detengamos aquí. Asegurémonos de que tengas las cuatro *C's* que te ayudarán a ser un líder increíble — Dan sonrió y se levantó para irse—. Espero con interés nuestro tiempo juntos mañana.

—No puedo agradecerte lo suficiente por tu tiempo hoy — respondió Marty con sinceridad. Los dos se pusieron de pie y se dieron la mano—. Espero aprender pronto las otras tres *C's* —y lo dijo en serio.

Mientras Dan caminaba hacia la puerta de la oficina, Marty no pudo evitar sentir respeto por este hombre. Aunque no conocía a Dan más de unas horas, ya sentía un inesperado nivel de admiración por él. Sabía que lo que Dan había compartido con él hoy era invaluable. ¡Ahora solo tenía que seguir adelante con ello y hacerlo!

***

Después de reunirse con Dan toda la mañana, Marty fue rápidamente reintroducido a la realidad y a las demandas de dirigir un centro de atención médica. Apresurarse a diferentes reuniones, trabajar en múltiples problemas inesperados, y conocer más personal llenó el resto del muy ocupado día de

Marty. También se reunió con Kate, como había prometido, y ella compartió con él sus ideas sobre la claridad.

Aunque ya era tarde y se sentía bastante abrumado por todo lo que había que hacer, Marty se sentía bien con respecto a dónde estaba trabajando y qué estaba haciendo. Admitió a su esposa esa noche que sinceramente disfrutó su primer día en su nuevo centro más de lo que nunca esperó que lo haría.

Lo que no compartía con ella era lo que le venía a la mente a lo largo del día: la conversación que él y Dan habían tenido esa mañana. Con su mente obsesionada con la claridad, Marty notó algunas cosas que sucedían en el centro de salud que ayudaron a promover la claridad en el equipo. También observó que lo que estaban haciendo para establecer la claridad estaba funcionando. Como ningún otro grupo de empleados con los que había trabajado antes, todos parecían estar alineados e interesados en hacer un buen trabajo. Aunque siempre había mejoras que se podían hacer en cualquier centro de salud, Marty estaba agradecido de estar en un centro que parecía estar funcionando extremadamente bien.

Segunda Parte

Consistencia

La Segunda *C*

Era una brillante y hermosa mañana de otoño, y Marty llegó a la oficina con un salto extra en su paso. Aunque no había dormido mucho, ya que había pasado la mayor parte de la noche pensando en su centro y en lo que Dan le había enseñado, aún se sentía energizado cuando el sol de la mañana brilló a través de su ventana y en el piso de la oficina cerca de su escritorio. Un pensamiento que Marty tenía mientras estaba despierto en medio de la noche era que su equipo podría ser capaz de enseñarle más sobre la claridad y las otras tres *C's*. Kate, después de todo, le había dado una buena visión, y él estaba seguro de que otros también podrían. Marty tomó nota de ello.

Mientras escribía la nota, los sentimientos de insuficiencia lo invadieron momentáneamente al darse cuenta de que su equipo sabía más sobre el modelo de las cuatro *C's* que él. Marty rápidamente dejó de lado esos sentimientos, concluyendo que no solo podía aprender mucho de su nuevo equipo, sino que también podía enseñarles algunas cosas. Después de todo, razonó, había tenido mucho éxito durante su carrera en Wiser Care hasta este punto, y sabía que tenía mucho que ofrecer, incluso si las cuatro *C's* eran algo nuevo para él.

Dando un gran mordisco a su panecillo de desayuno, se sentó en su escritorio. De repente, llamaron a la puerta.

—Pase —Marty gritó por toda la habitación con la boca aún llena y las migas rociadas por todas partes. «¡Vaya, qué desastre!» pensó para sí mismo mientras que rápidamente tomó un pañuelo de la caja de Kleenex en su escritorio y comenzó a limpiarse.

Dan abrió la puerta, diciendo: —Bien, eso fue extraño. Después de pasar tanto tiempo en un lugar, te acostumbras a hacer las cosas de cierta manera. Llamar a esta puerta es algo que no estoy acostumbrado a hacer —se detuvo, mirando hacia abajo y sacudiendo ligeramente la cabeza como si considerara la realidad de no tener más la llave de la oficina—. Para ser honesto, casi irrumpo como siempre lo hacía, pero algo me dijo que debería ser un poco más respetuoso y llamar a la puerta. Fue difícil para mí, pero lo hice. Todas las cosas buenas deben llegar a su fin —casi murmuró para sí mismo.

Marty todavía estaba examinando su camisa en busca de migas. Sintiendo que Dan lo estaba mirando, Marty levantó la vista y Dan le mostró una gran sonrisa. —Y por lo que parece, supongo que tomé la decisión correcta de llamar primero —dijo mientras Marty se limpiaba las manos y tiraba el pañuelo a la basura. Rápidamente tragando la comida que quedaba en su boca, Marty sonrió. Dan caminó hacia adelante, ofreciendo su mano, y Marty se paró para estrecharla.

—Por favor, Dan, esta será siempre tu oficina —ofreció Marty—. No tienes que llamar nunca. Lo digo en serio —Marty hablaba en serio. Después de ayer, estaba emocionado por pasar tanto tiempo como fuera posible con Dan. En su mente, Dan podía hacer lo que quisiera en este centro de salud. Había construido algo especial aquí y ciertamente se lo había ganado.

Dan levantó su dedo índice, lo movió de un lado a otro y dijo: —Creo que necesito llamar porque lo último que quiero es estar atrapado en medio de otra reunión semanal de presupuesto. De hecho, creo que es mejor que me quede tranquilo por aquí. Tiene que haber algunos beneficios al retirarse, ya sabes —Dan estaba ahora sonriendo y agachando la cabeza como si intentara evitar ser visto. Marty se rio de las payasadas de Dan y se sentó de nuevo. Sus hombros se relajaron, y se inclinó hacia atrás en su silla y puso sus manos detrás de su cabeza. Se sentía más cómodo con Dan y realmente disfrutaba de su presencia en el centro.

Dan se sentó en la misma silla que ayer, frente al escritorio de Marty. Sentado en el borde de su asiento y con un aspecto más serio, dijo: —Bueno, ¿debería dejarte disfrutar de tu desayuno primero antes de empezar?

—Sí, por supuesto —respondió Marty, aclarando rápidamente—. Quiero decir, por supuesto, empecemos. No hay razón para perder nuestro precioso tiempo —Marty lo dijo en serio. Empujó el bagel de su escritorio directamente al cubo de basura que estaba a su lado.

—Bueno, está bien —dijo Dan, levantando las cejas—. Sabes, técnicamente estoy retirado, y sabes lo que dicen que los retirados tienen mucho, ¿no? —con una leve sonrisa en las comisuras de la boca, se fue rápidamente—. ¡Tiempo! Estoy seguro de que relajarse por un minuto mientras terminas tu desayuno no nos había retrasado demasiado, pero supongo que ya es demasiado tarde para eso —Dan sonrió y miró hacia abajo a la rosquilla a medio comer que ahora descansaba en el fondo del cubo de basura.

—En serio —respondió Marty, agitando una mano hacia la basura—, no estaba tan bueno, y después de estar despierto toda la noche pensando en cómo puedo proporcionar más claridad en mi nuevo rol, estoy muy ansioso por aprender la próxima *C*.

Dan levantó las cejas de nuevo y asintió ligeramente. Marty notó lo que le pareció una mirada de aprobación y se movió de la silla detrás de su escritorio a la silla junto a Dan.

—Veo que hablas en serio, así que empecemos —Dan se sentó un poco en su silla, todavía se veía complacido—. Debo advertirte, sin embargo, que la segunda *C* que estoy a punto de explicar es quizás la más difícil de establecer porque requiere una tremenda cantidad de disciplina y compromiso de tu parte. Como líder, tienes que hacer un esfuerzo diario consciente, Marty, un esfuerzo que muchos jefes no están dispuestos a hacer, un esfuerzo que normalmente no es natural para muchos de nosotros. Pero si quieres ser un líder efectivo y tener éxito, tus resultados después de aplicar esta *C* te convencerán de que el esfuerzo vale la pena.

Marty se movió al borde de su asiento. Estaba listo para aprender la segunda *C*.

—La siguiente *C*, Marty, es difícil para todos nosotros. Como seres humanos, muchos de nosotros tendemos a fallar miserablemente en ella; sin embargo, los más exitosos en la vida encuentran la manera de alcanzar algún nivel de ella.

Marty comenzó a agitar un poco el bolígrafo en su mano, preguntándose si Dan lo dejaba en suspenso a propósito. Finalmente, Dan dijo abruptamente: —La siguiente *C* es 'consistencia'.

Marty dejó de agitar el bolígrafo y escribió la palabra en su cuaderno. —Bien —dijo esperando una explicación mientras pensaba—. No, esta no es una palabra con *C* que yo hubiera adivinado.

—¿Te importa? —Dan hizo un gesto hacia la pizarra.

—Adelante —respondió Marty, extendiendo su brazo hacia ella. Dan se acercó y añadió otra capa de la pirámide a la pizarra. Así es como se veía:

Bloques de Construcción
- Misión
- Visión
- Valores

Artículos de Gran Valor
- Roles y Responsabilidades
- Proceso de Evaluación
- Normas y Expectativas
- Metas
- Resultados
- El porqué (para las reuniones, sistemas, procedimientos, políticas, decisiones, etc.

Dan ahora continuaba con lo que Marty empezaba a reconocer como su tono de voz serio. —Las cosas en este mundo pueden ser bastante impredecibles. Diablos, solo echa un vistazo a las últimas noticias.

Marty pensó en la veracidad de eso.

—La mayoría de nosotros nos esforzamos por encontrar algún nivel de estabilidad en nuestras vidas. La consistencia en el trabajo trae un nivel de previsibilidad que todos anhelamos —Marty pensó instantáneamente en los muchos cambios que hubo durante su tiempo en Wiser Care. Cómo se hacían las cosas cuando empezó hace nueve años era muy diferente de cómo se operaba ahora. La tecnología que usaban, cómo se les reembolsaba, la forma en que interactuaban con los clientes, e incluso los servicios y la atención que ahora ofrecían eran todos diferentes. No parecía que Wiser Care hubiera sido muy consistente en la mente de Marty en ese momento. ¿Estaba Dan sugiriendo que Wiser Care debería haber seguido haciendo las cosas como siempre las había hecho y no cambiar en absoluto? Eso no parecía correcto.

Marty sabía que le faltaba algo. Volvió su atención a Dan, quien le dijo, —Y la consistencia de ti, en particular, traerá a tu equipo la estabilidad y la paz mental que necesitan para funcionar al máximo.

Dan se detuvo un momento, mirando a Marty como si se asegurara de que lo había escuchado. Marty asintió ligeramente para mostrar que estaba escuchando, y Dan continuó. —La consistencia también da resultados. De hecho, muchos líderes que fracasan, fracasan porque no son consistentes, especialmente con las cosas pequeñas —Dan ahora se detuvo de nuevo como si esperara que Marty dijera algo.

Marty solo quería oír más en este punto, así que dijo: —Vale, te sigo.

—Ahora, sé que puede que no te guste escuchar esto, pero así como debes esforzarte por ser lo más claro posible con todo lo que puedas, también debes esforzarte por ser lo más consistente posible con todas las cosas que puedas —Dan hizo otra pausa como si tratara de medir los pensamientos de Marty y luego añadió—: Dicho esto, como los bloques de construcción y los artículos de gran valor que deberían ser un foco de claridad, hay ciertas maneras en las que debes esforzarte por ser consistente. La consistencia en estas áreas te ayudará a convertirte en el mejor líder que puedas y crear un ambiente de trabajo donde la gente pueda rendir al máximo. Cuando eres consistente como líder, otros seguirán tu ejemplo.

Dan entonces quitó la tapa del bolígrafo y añadió esto a la pizarra:

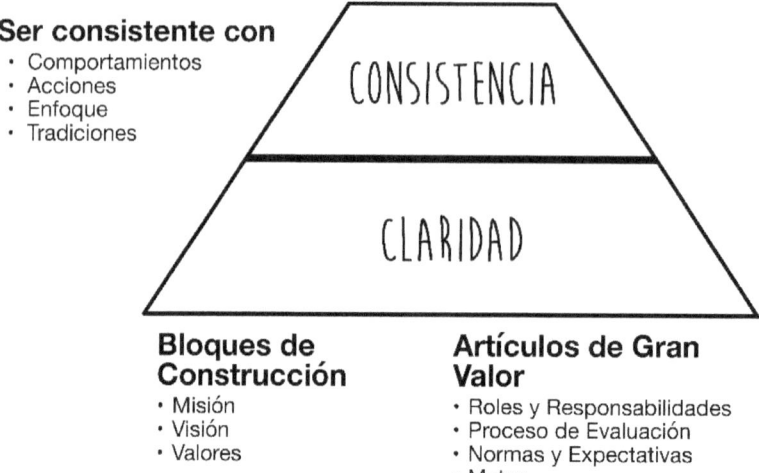

Ser consistente con
- Comportamientos
- Acciones
- Enfoque
- Tradiciones

CONSISTENCIA

CLARIDAD

Bloques de Construcción
- Misión
- Visión
- Valores

Artículos de Gran Valor
- Roles y Responsabilidades
- Proceso de Evaluación
- Normas y Expectativas
- Metas
- Resultados
- El porque (para las reuniones, sistemas, procedimientos, políticas, decisiones, etc.

Marty miró lo que Dan había escrito. Todavía estaba muy intrigado por la segundo C. Dan interrumpió sus pensamientos otra vez diciendo mientras caminaba de vuelta a su silla, —Tu nivel de consistencia en el trabajo en realidad reducirá los niveles de estrés alrededor de la oficina a un nivel óptimo. Cuando la gente sabe qué esperar de su líder, puede rendir. Por otro lado, si mantienes a la gente adivinando, los paralizará para tomar decisiones y seguir adelante. Por lo tanto, la consistencia en ese primer punto de la lista, tu comportamiento, es vital — Dan asintió con la cabeza hacia la pizarra.

—No estoy seguro de entender completamente — respondió Marty honestamente.

—Déjame ver si puedo ayudar a aclararlo —dijo Dan, avanzando en su silla.

—Lo primero que debe ser consistente es tu comportamiento y actitud personal. Demasiados jefes a los que he rodeado demuestran comportamientos y actitudes muy diferentes basados en sus estados de ánimo y en las emociones del momento. Se presentan ante sus equipos como muy eufóricos y fríos, o yin y yang, o sal y pimienta, si sabes a lo que me refiero.

Marty se rio y Dan sonrió. Marty pensó que entendía lo que Dan quería decir. Dan continuó: —Un día el líder puede ser agradable, fácil de acercarse, y todas las sonrisas, y al día siguiente parecen enojados, molestos por cualquier cosa y por todo. Y esto puede que no sea el día a día, sino incluso hora a hora.

Mientras Marty pensaba en eso, Dan siguió adelante. —Ser un líder es estresante, así que es fácil ver por qué los líderes pueden ser tan inconsistentes con sus comportamientos y actitudes. Es natural, en realidad. Pero para influir positivamente en tu equipo, debes aprender a controlar tus emociones. Debes mostrarte de la misma manera todos los días, sin importar lo que está pasando o lo que acaba de pasar. En los momentos más estresantes del trabajo, tu personal necesita saber que pueden contar contigo. Y puedes crear esta sensación de seguridad siendo consecuente.

A Marty le gustó el sonido de la consistencia y sintió que sabía lo que Dan quería decir con eso cuando preguntó: —¿Alguna vez has trabajado para un jefe como este? ¿Quién parecía eufórico y frío? ¿Quién parecía tener una actitud diferente de un día para otro?

Sin pensarlo, Marty puso los ojos en blanco después de escuchar la pregunta de Dan. Al darse cuenta de lo que había hecho y la percepción que podría crear, rápidamente trató de recuperarse y simplemente asintió con la cabeza y dijo: —Sí —

Marty podía sentir que sus mejillas se ponían rojas cuando Dan sonreía.

Ahora riéndose un poco, Dan dijo: —Bien, supongo que es seguro decir que has trabajado para alguien que fue un poco inconsistente en el pasado. En realidad, esto no me sorprende demasiado. La mayoría de nosotros lo ha hecho.

Decir que el primer jefe de Marty en Wiser Care había sido así, le pareció un eufemismo a Marty. Era un conductor duro y hacía las cosas e incluso tenía la aprobación de sus superiores. Pero para Marty, convirtió la vida laboral en una pesadilla. Marty nunca sabía qué esperar de él cada día que venía a trabajar. Un día, este jefe se comportaría como si fuera el mejor amigo de Marty, y al día siguiente Marty se preguntaba si pensaba que era la persona más incompetente que había trabajado para él. En los días buenos, Marty soñaba con ser promovido o ganar un aumento, pero en los días malos, estaba seguro de que pronto sería despedido.

Debido a este comportamiento errático por parte de su jefe, Marty estaba constantemente nervioso en el trabajo; de hecho, todo el equipo lo estaba. Acababa de graduarse como uno de los mejores de su clase de MBA en una escuela de negocios bastante buena y había rechazado otras oportunidades de empleo atractivas para unirse a Wiser Care debido a su deseo de trabajar en el cuidado de la salud, pero ahora se sentía tan inseguro de sí mismo. Marty tuvo que admitir que este jefe le hizo tambalear un poco su confianza. Recordaba haberse vuelto extremadamente cauteloso y cuidadoso en el trabajo. Luego, después de solo unos meses, Marty comenzó a buscar un nuevo trabajo fuera de la organización. Aunque se consideraba una persona muy comprometida, sentía que no podía soportar más el comportamiento impredecible de su jefe.

Sin embargo, antes de que pudiera conseguir algo nuevo, las cosas cambiaron repentinamente. Después de unos meses muy estresantes en el trabajo con muchas noches de insomnio, Marty recibió lo que en ese momento se sintió como una de las mejores noticias de su vida. Su jefe estaba siendo ascendido, y pronto se reportaría a un nuevo supervisor. Marty no podría haber estado más aliviado. A menudo esperaba no volver a experimentar algo así. Desafortunadamente, aunque nunca tan extremo como su primer jefe, Marty descubrió que muchos de sus jefes actuaban de manera similar. Esta imprevisibilidad siempre lo volvió un poco loco, pero había aprendido a ignorarlo.

Perdido en sus pensamientos, Marty fue repentinamente traído de vuelta al momento presente mientras Dan continuaba. —Como líderes, a menudo subestimamos el impacto que nuestros comportamientos y actitudes tienen en los demás. La verdad es que el impacto es muy real. Cuando la gente cree que tienes el futuro de su carrera en tus manos, cómo te comportas y lo que dices y haces será escudriñado y sobre analizado. Tienes que entender que, como líder, estás constantemente en el escenario.

»Demasiados líderes no se dan cuenta de lo mucho que su actitud o simples comentarios o acciones afectan a los demás. Demasiados líderes pierden credibilidad a los ojos de los que lideran haciendo simples comentarios extraños, actuando de manera impredecible y, bueno, siendo inconsistentes —Dan tenía toda la atención de Marty ahora. Una vez más, sabía de primera mano el impacto de un jefe inconsistente, como Dan lo había etiquetado, y sabía el efecto que esto podía tener en los que dirigían.

—La inconsistencia causa tensión improductiva, estrés y preocupación. Como resultado, el jefe no obtiene lo mejor de su equipo. He visto esto suceder una y otra vez. Es triste, Marty —Marty podía decir que Dan se sentía muy triste por ello. Ambos se movieron ligeramente en sus sillas cuando Dan miró de nuevo a Marty y dijo—: La razón por la que esta es a menudo la *C* más difícil de establecer es porque somos seres humanos; somos criaturas inconsistentes y emocionales y no robots. Sin embargo, como jefe, tienes que esforzarte por ser consistente. Tu comportamiento y actitud deben ser consistentes cada día. Tus respuestas a los problemas deben ser consistentes; tu humor cada mañana debe ser consistente; cómo te manejas, cómo interactúas con los demás, y cómo te sientes con la gente, ya sea un ama de casa o un médico, debe ser consistente —la mente de Marty se dirigió instantáneamente a Roger, a quien Dan le había presentado el lunes por la mañana. Marty podía decir que Dan sentía lo mismo por Roger que por el Dr. Simpson, por ejemplo. Se preguntó si esto era lo que Dan quería decir. Decidió que debía serlo.

Dan continuó ahora, interrumpiendo los pensamientos de Marty. —No serás perfecto en esto, y nadie espera eso de ti, pero tu equipo apreciará y notará tus esfuerzos. Responderán bien a tu comportamiento consistente. Y si puedes proporcionar ese tipo de estabilidad y seguridad a tu equipo, serán capaces de maximizar sus esfuerzos. Producirán más para ti de lo que lo harían de otra manera, y eso te hará feliz. Los tiempos serán estresantes y difíciles; sé que lo sabes. Puede que incluso tengas retos difíciles fuera del trabajo, pero debes esforzarte en proporcionar estabilidad a tu equipo. Debes proveer consistencia. Sin ella, el trabajo no es un lugar tan seguro como debería ser. A nadie le gusta trabajar para un jefe errático —Marty pensó que Dan podría haber terminado con su pensamiento cuando casualmente añadió—, De hecho, estar constantemente enojado o ser grosero o tener una mala actitud es mejor que cambiar la forma en que te comportas cada día —las cejas de Marty se levantaron ante ese pensamiento. Dan pareció darse cuenta y siguió adelante.

—Hablo en serio, Marty. Sería mejor trabajar para ti sabiendo cómo eres, aunque fuera grosero o irrazonable, que no estar seguro de lo que vas a conseguir cada día. Tienes que recordar que, a sus ojos, tienes su futuro y su carrera en tus manos. Esto causa inherentemente cierto nivel de nerviosismo y estrés a su alrededor, pero cuando se suma a ello el hecho de ser alguien impredecible, puede agriar totalmente tu eficacia como líder y aumentar estos sentimientos de distracción.

»Ser grosero constantemente, día tras día, por ejemplo, por terrible que parezca, aún así aliviaría estas emociones negativas de incertidumbre entre los miembros de tu equipo porque aprenderían a enfrentarse y ajustarse a tu comportamiento. Llegarían a saber qué esperar de ti y encontrarían formas de evitarlo. Pero... —Dan hizo una pausa por un momento como para añadir énfasis a lo que estaba a punto de decir—. Es imposible adaptarse a alguien que cambia de tono cada día. Francamente, es difícil trabajar para alguien que es volátil —y con eso, Marty se recostó en su silla, sorprendido. Esto era algo que ciertamente nunca había considerado.

Percatación

Dan se puso de pie y estiró la espalda de nuevo, lo que permitió a Marty tener un momento de reflexión sobre lo que había dicho.

—Ya veo por qué esto es tan difícil —Marty se respondió casi más a sí mismo mientras pensaba en silencio en su esposa, April. Recordó que hace solo un mes, ella se había quejado de que nunca supo qué esperar de él después del trabajo. A veces parecía entusiasta y feliz, y otras veces estaba casi deprimido y sin emociones como ella lo veía. Aunque no había usado la palabra exacta de Dan, esta inconsistencia en su comportamiento se lo hizo muy difícil. Ella nunca supo cómo reaccionar y responder a él, dijo. Incluso compartió que se encontraba siempre vigilando y siendo cuidadosa con él. Aunque le había dolido por un momento, Marty estaba agradecido de haber sido honesto con él. Él apreciaba su relación, y prometió ser mejor, aunque tenía que admitir que no había cambiado mucho. Pero ahora se dio cuenta de que estaba siendo como su primer jefe en Wiser Care hacia su esposa en cierto modo. No podía creerlo. Mientras la sangre corría por su cara, Marty pensó para sí mismo, «¿podría terminar comportándome como mi primer jefe con mi nuevo equipo?» Rápidamente apartó ese pensamiento y juró que nunca sucedería.

—No quiero que pienses que te estoy dando permiso para que participes en un mal comportamiento todos los días —bromeó Dan, aliviando un poco el ambiente mientras se reía. Marty se preguntó si Dan podía percibir sus sentimientos de inquietud—. Todos tenemos cosas que podemos mejorar, y siempre debemos esforzarnos por ser mejores, pero con suerte, eso significa algún progreso consistente y no el efecto boomerang del que hablo aquí, donde pasamos de un extremo de nuestro comportamiento y actitudes a otro y luego volvemos otra vez. Cuando la gente sabe qué esperar de su jefe cada día, puede rendir. La consistencia provee un sentido de predicción y confiabilidad en el trabajo. Esto crea sentimientos de seguridad y confianza. Así como cada uno de nosotros tiene el deseo de ver claramente, también todos anhelamos un nivel de estabilidad.

—Espera un segundo —dijo Marty, saliendo de sus pensamientos preocupantes. Fingiendo estar pensando en esto más seriamente, dijo—, así que estás diciendo que está bien que falte al trabajo y vaya a jugar al golf todos los viernes siempre y cuando sea consistente en hacerlo, ¿cierto? Como cada viernes en vez de solo dos de los cuatro o cinco viernes del mes, porque eso solo molestaría a la gente, ¿verdad? —Marty intentaba mantener la cara seria, pero no pudo mantener una sonrisa cuando Dan levantó la vista.

Marty pudo notar que, por una fracción de segundo, Dan se preocupó antes de darse cuenta de que Marty estaba bromeando de nuevo. Disfrutó tomándole el pelo a Dan, especialmente cuando parecía que les venía bien reírse.

—Tal vez no exactamente —Dan sonrió—. Pero lo que diré es que si puedes implementar con éxito estas cuatro *C's*, tu gente te hará quedar bien y te apoyará en casi todo lo que decidas hacer. Y créeme, te permitirá disfrutar más del golf.

—Si eso es cierto —dijo Marty, tratando de parecer serio otra vez—, entonces supongo que mejor empiezo a prestar atención. ¿Qué dijiste que es la primera *C* de nuevo? —sostuvo su bolígrafo y su bloc de notas cerca de su pecho como si estuviera listo para escribir algo importante. Una vez más su intento de permanecer recto fracasó, y Dan se rio a carcajadas esta vez.

Marty esperaba que Dan apreciara sus comentarios sarcásticos, aunque no lo sabía con seguridad. Después de un momento, Dan recobró la compostura y dijo: —Después de nuestras conversaciones telefónicas iniciales, no esperaba esto de ti. Para ser honesto, a veces puedo ser un poco demasiado aburrido. Imagino que nunca lo habrías adivinado —ambos sonrieron antes de que Dan añadiera—: Creo que el equipo va a apreciar un poco más de humor por aquí. Creo que encajarás muy bien con ellos, Marty —Marty sintió que Dan estaba siendo honesto y apreció sus amables comentarios. Justo cuando se sentía bien, Dan dijo, con cara de seriedad otra vez—, si alguna vez me dejas terminar este segundo *C*.

Por una fracción de segundo, Marty se preocupó de que Dan estuviera un poco molesto, hasta que Dan sonrió ampliamente. Marty se dio cuenta de que Dan lo había recuperado y se rio.

La Claridad en Acción

—Déjame preguntarte algo, Marty —dijo Dan mientras recuperaba la compostura e interrumpía la risa de Marty—. Estoy seguro de que te enseñaron todo sobre negocios en esa escuela presumida tuya, pero ¿sabes una razón importante por la que McDonald's ha tenido tanto éxito durante tantos años? ¿Conoces el lugar del que hablo, más de un millón de hamburguesas vendidas, más o menos? —Dan dijo con algo de sarcasmo en su voz otra vez.

Marty se sentó ahora, un poco confundido por el cambio en el curso de su conversación. —Sé que siempre ha tratado de adquirir los mejores bienes raíces, ¿verdad? ¿Es eso? —respondió con vacilación, sintiéndose un poco avergonzado de que no fuera la respuesta correcta.

—Estoy seguro de que es otro gran factor que ha contribuido a su éxito a lo largo de los años, pero no es la razón por la que estoy pensando —Marty pudo sentir que Dan había decidido que su pregunta no era muy justa, ya que vio que estaba a punto de darle la respuesta—. A lo que me refiero es... —Dan se detuvo un momento como para dar a su respuesta un efecto más dramático antes de decir—, ...consistencia.

Por supuesto, Marty pensó para sí mismo. ¡Obviamente!

Dan continuó. —Verás, te gusten o no los productos de McDonald's, siempre sabes lo que vas a conseguir. No hay que adivinar, no hay que preguntarse, y no hay incertidumbre.

Cuando me acerco a una ventanilla de autoservicio, sé exactamente qué esperar. Las papas fritas de McDonald's son las mismas tanto si estoy en Kentucky como en Maine. Su Big Mac es el mismo en Florida y California. Sus nuggets de pollo, para bien o para mal, son los mismos en Chicago que en Dallas. McDonald's siempre ha hecho un buen trabajo, un trabajo notable, en realidad, en la duplicación de sus productos no importa dónde estés. Su consistencia a lo largo de los años es asombrosa cuando te paras a pensar en los miles de lugares donde ha servido comida en todo el mundo. La consistencia es un gran impulsor de su éxito mundial. Ya sea que te guste la comida de McDonald's o no, siempre puedes confiar en la consistencia de sus productos.

Dan esperó un segundo y luego continuó. —Los grandes jefes y las grandes organizaciones son lo mismo. Son como una especie de McDonald's. Siempre tienen el mismo comportamiento, cuentan las mismas historias, tocan el mismo tambor y hacen las mismas cosas día tras día. Refuerzan su claridad siendo consistentes. Donde la claridad puede ser más sobre el mensaje y comunicarlo una y otra vez, la consistencia es sobre los comportamientos y la acción. En cierto modo, la consistencia es su claridad en la acción.

Aunque no había dicho nada, Marty se alegró de que Dan le diera claridad. Marty había pensado en las similitudes entre las dos primeras *C's* durante su discusión. Ahora era el momento perfecto para preguntar. —¿Puedes explicar tu último punto un poco más?

—Claro. De hecho, me alegra mucho que preguntes porque hay una superposición entre estas dos *C's*, pero son diferentes. La claridad es la información que compartimos en nuestra comunicación. Lo importante para nosotros es lo que comunicamos, como por qué hacemos lo que hacemos y cómo lo vamos a hacer. La consistencia es la acción; es el hacer real. Aclaramos nuestros valores fundamentales, por ejemplo, pero luego nos esforzamos por vivirlos consistentemente y tomar decisiones basadas en ellos. Aclaramos nuestros procesos, y luego los hacemos consistentemente. Aclaramos el tipo de individuos que queremos que trabajen para nosotros, y luego consistentemente contratamos ese tipo de individuos. Aclaramos nuestros objetivos, y luego consistentemente los medimos y trabajamos para alcanzarlos. Me gusta pensar que la consistencia es el seguimiento de la claridad. Sin ella, la claridad puede perder mucho de su poder. Porque, aunque diga que nuestro valor principal es la honestidad hasta que se me ponga azul la cara, si no me comporto consistentemente de manera honesta, la claridad que he creado no será de mucha ayuda.

Marty estaba intrigado. Lo que Dan compartía no era nada que hubiera aprendido en la escuela de negocios. Seguro, había tomado docenas de talleres y clases de liderazgo, pero no recordaba haber recibido nunca una conferencia sobre consistencia y claridad como esta. Hablando, parecía tan obvio.

—¿Estás empezando a entender la diferencia? —Dan preguntó, observando a Marty de cerca.

Marty sintió que lo entendía, pero aún se preguntaba por qué todos los líderes no lo hacían. «¿Por qué la claridad y la consistencia no se enfatiza más en los cursos de liderazgo?», pensó.

Entonces, casi como si leyera su mente, Dan continuó. —Puede parecer fácil, pero no lo es. Tú mismo has dicho hoy que la claridad y la consistencia no siempre han sido prácticas normales de sus supervisores anteriores, y desafortunadamente, la mayoría de las organizaciones alrededor del mundo no enfatizan estos conceptos a sus líderes lo suficiente, si es que lo hacen. Esto es triste porque demasiados líderes ansiosos y capaces terminan fallando. El modelo de las cuatro *C's* le da un marco para enfocar sus esfuerzos de liderazgo. Le invita a considerar constantemente aquellas cosas que le harán más exitoso, aquellas cosas que le añadirán más valor como líder. Muchos líderes fracasan en establecer claridad y consistencia porque rara vez se les insiste en que son importantes. Y si nunca se les educa o enseña a los líderes, entonces ¿cómo podemos esperar que realmente se perfeccionen y se esfuercen por ser buenos en ellos?

Marty pensó que Dan tenía un buen punto. Luego Dan añadió:

—Además, como hablamos antes, también requiere mucha disciplina. Se necesita disciplina para hacer las cosas de manera consistente. Pero el esfuerzo vale la pena. Siempre vale la pena. Cuando las personas sienten una sensación de seguridad en el trabajo que solo la consistencia puede proporcionar, son capaces de producir y comprometerse a niveles mucho más altos. El trabajo se convierte en un lugar mucho mejor para ellos. El resultado final es que la consistencia y la claridad te ayudan a producir resultados.

Dan se inclinó hacia atrás, y los dos se sentaron en silencio por un momento. Marty estaba pensando en la importancia de las dos primeras *C's* cuando notó que Dan de repente frunció el ceño. Marty estaba a punto de preguntarle si le preocupaba algo cuando Dan le dijo: —Me preocupa que, al hablar de consistencia, pueda parecer que tienes que ser un robot sin emociones. Por favor, entiende que no es eso en absoluto, Marty. Somos humanos, y debemos ser humanos. Así que la consistencia no se trata de eliminar la diversión, la emoción o la excitación. No se trata de evitar sentimientos de decepción, frustración o desánimo. Y ciertamente no se trata de nunca cambiar las cosas, ser espontáneo, o sorprender a tu equipo de vez en cuando. En realidad, no es nada de eso.

»Espero que no malinterpretes lo que le he dicho. La consistencia es simplemente un enfoque disciplinado y constante en el que la gente puede confiar. Se trata de ser alguien en quien se puede confiar en los buenos y en los malos tiempos. Se trata de ser implacable con lo que más importa al equipo y a la organización, incluso si todo lo demás debe cambiar. Se trata de tratar a los demás con amabilidad, tanto si las cosas van bien como si no. Tu personal necesita saber que puede depender de la persona que tiene en sus manos gran parte de su futuro y el éxito de la organización. Una vez que aprendan que pueden depender de ti, empezarás a ganarte su confianza y respeto. Y una vez que tengas su confianza y respeto, no hay casi nada que puedas pedirles que no hagan con cada onza de esfuerzo.

A Marty le gustaba cómo sonaba eso. Dan continuó. —Todos vamos a sentir emoción, y deberíamos. Creo que para que la consistencia se arraigue en tu centro, debes ser honesto sobre esa emoción, debes ser claro sobre lo que te hace enojar o emocionar o lo que sea la emoción. Cuando la gente tenga esa claridad, será comprensiva y sabrá qué esperar de ti cuando surjan circunstancias similares.

»Por ejemplo, si te vuelve loco cada vez que alguien llega tarde a una reunión, y sabes que se nota, tienes que hablar de ello. Comparte con el equipo que te vuelve loco cuando la gente llega tarde porque es una falta de respeto hacia los demás. Ten claro por qué te hace enojar y cuáles son tus expectativas. Haz esto de manera consistente, honesta y abierta, y la gente responderá.

Marty pensó que esto tenía mucho sentido, y estaba emocionado por lo que estaba aprendiendo. Pero todavía tenía una pregunta candente que se había convertido en una gran preocupación.

Una Gran Preocupación

—Tengo una pregunta sobre la consistencia —dijo Marty con el ceño fruncido—. Llevo muchos años en Wiser Care, y me parece que han cambiado muchas cosas. Y muchos de estos cambios en mi mente han sido muy buenos para nuestra organización. Por ejemplo, pasar a los registros médicos electrónicos del antiguo uso del papel ha sido genial. O los datos y métricas a los que tenemos acceso ahora, comparados con los de cuando empecé, parecen ser extremadamente útiles para llevar a cabo una buena operación. Entonces, ¿estás diciendo que la compañía no debería haber cambiado? ¿Que debería haberse mantenido más consistente?

Dan abrió bien los ojos por un segundo y rápidamente sacudió la cabeza. —No, Marty, eso no es lo que estoy diciendo en absoluto. Gracias por hacer la pregunta —Marty podría decir que Dan lo decía en serio.

—La consistencia no se trata de no cambiar nunca, el cielo sabe que debemos cambiar con frecuencia para adelantarnos a la competencia y satisfacer las necesidades de nuestros clientes. El cambio es inevitable y necesario. ¡Tenemos que cambiar! —Dan dijo con énfasis—. Lo que es consistente en este modelo es la forma en que tratas con el cambio. Tu enfoque del cambio puede ser consistente y proporcionar una sensación de fiabilidad en medio de una tonelada de piezas móviles. De la misma manera, tu comportamiento, actitud y acciones consistentes hacia el cambio proporcionarán lo que tu equipo necesita para sentirse seguro, incluso con cambios rápidos y frecuentes a tu alrededor. En el cuidado de la salud, sabes que todo se trata de cambios.

Marty definitivamente estaba de acuerdo con esa última declaración, pero no estaba completamente seguro de si estaba entendiendo lo que Dan estaba diciendo y esperaba que compartiera más. Afortunadamente, Dan continuó con rapidez.

—Déjame intentar compartir un ejemplo de lo que quiero decir. Un buen amigo mío trabajó como director general de Wiser Care por un corto tiempo en un centro de salud más pequeño. Era un gran tipo, pero luchaba con los constantes cambios en la atención médica, que lo volvían loco. De todos modos, un año nuestro sistema de reembolso se puso patas arriba. Esto ocurrió unos meses después de que la compañía decidiera reducir el personal de terapia basado en el antiguo sistema de reembolso. Aunque ese cambio para reducir el personal de terapia no fue fácil, mi amigo reunió a su equipo y les dejó claro a todos ellos por qué el cambio era necesario y cómo podía ayudarles a mejorar. Incluso buscó la opinión de importantes miembros de su equipo de liderazgo sobre la mejor manera de implementar los cambios necesarios. Realmente hizo un gran trabajo con este difícil cambio, y su equipo lo apoyó.

»Sin embargo, unos meses más tarde, cuando llegó el momento de evolucionar y ajustarse al nuevo sistema de reembolso, mi amigo adoptó un enfoque muy diferente. Primero lo ignoró y actuó como si el cambio no fuera a ocurrir realmente, aunque todos en su equipo lo sabían. Luego habló de lo ridículo que era el cambio del sistema de reembolso y de que no estaba de acuerdo con él. Se quejaba de ello constantemente, y si recuerdo bien, incluso pensó que encontraría la manera de evitarlo. Finalmente, a regañadientes hizo cambios para ajustarse al sistema de reembolso, pero no involucró a su equipo, y siguió refunfuñando al respecto.

Dan se detuvo un momento y miró a Marty. —Basado en lo que te he dicho hasta ahora, ¿cómo crees que se sentirá tu equipo la próxima vez que haya más cambios en la industria?

Marty pensó en la pregunta por un momento y respondió: —No estoy seguro. Algunos podrían pensar que se comportaría como lo hizo cuando fue necesario reducir el personal de terapia, y otros podrían preocuparse de que reaccionara como lo hizo con los cambios en el sistema de reembolso. Supongo que no estarían seguros de qué esperar.

—Exactamente —dijo Dan—. Nadie podía predecir cómo reaccionaría mi amigo ante el próximo cambio. Su enfoque hacia el cambio era muy inconsistente. Cada vez que se producía un nuevo cambio, se comportaba de forma diferente, y esto realmente tenía un efecto negativo en su equipo.

Marty pensó que entendía cuando Dan le ofreció, —Si hubiera tomado el mismo enfoque con el cambio en el sistema de reembolso que hizo cuando redujo su personal de terapia, y hubiera seguido el mismo enfoque de nuevo con el siguiente cambio de la industria, habría construido eventualmente un nivel de consistencia y confiabilidad para su equipo hacia el cambio. Esto habría producido sentimientos de seguridad a pesar de los muchos cambios con los que tendrían que lidiar. ¿Ves por qué importa la consistencia en la forma en que abordamos las cosas, como los cambios en la industria, el trato con un empleado difícil, el manejo de las quejas de los clientes, la interacción con los médicos o la respuesta a los malos resultados clínicos?

Marty asintió y sintió que empezaba a entender. Podía ver mejor cómo la consistencia en su comportamiento, acciones y enfoque ayudaría a su liderazgo y reforzaría la claridad. Podía ver por qué era tan importante. También pudo percibir cómo, de muchas maneras, el líder de un equipo establecería el tono de consistencia para todo el grupo.

Rompiendo los pensamientos de Marty otra vez, Dan dijo, —Al igual que nuestros comportamientos, la forma en que reaccionamos y abordamos situaciones similares que se nos presentan en el lugar de trabajo importa. Debemos ser consistentes. Por ejemplo, ignorar el hecho de que alguien se perdió una reunión importante de liderazgo una vez y luego se molesta mucho la próxima vez que alguien se pierde la misma reunión es un enfoque inconsistente para la misma situación. O no reaccionar cuando observas a una enfermera que no se lavó las manos después del cuidado, y luego la próxima vez despedir a un empleado que observas que no se lavó las manos después del cuidado. ¿Puedes ver lo nervioso que puede ponerse tu personal en un ambiente inconsistente como este? Estos son ejemplos reales de cosas que he observado hacer a los líderes, y esta inconsistencia puede volver loco a un equipo.

Marty sabía que había observado similares enfoques inconsistentes por parte de los líderes. Dan añadió: —Un enfoque inconsistente en situaciones similares puede realmente aplastar la confianza y dañar tu credibilidad como líder.

La cabeza de Marty se estaba tambaleando. Esto tenía sentido, pero le preocupaba no haber prestado suficiente atención a las dos primeras *C's* en sus anteriores puestos de dirección. Mientras Marty se preocupaba por si había abordado las cosas de manera consistente en el pasado, Dan dijo: —Marty, aunque no pensamos así a menudo, la consistencia es una decisión estratégica que un líder debe tomar conscientemente. Deben decidir que es importante, y luego deben comprometerse a hacer un esfuerzo para ser consistentes.

A Marty le gustó ese pensamiento y decidió que no había mucho que pudiera hacer sobre el pasado. Razonó que todo lo que podía hacer ahora era comprometerse a ser lo más consistente posible para seguir adelante.

Con una pausa en la conversación, Marty decidió compartir un pensamiento que resumía lo que Dan había dicho. —A todos nos gusta estar rodeados de personas que creemos que son consistentes porque son las personas con las que sentimos que podemos contar y en las que podemos confiar. Es lógico entonces que esas son las personas que estamos más dispuestos a seguir.

—¡Precisamente! —Dan dijo, asintiendo con la cabeza.

Marty ciertamente quería que los miembros de su equipo quisieran seguirlo. Quería que se sintieran seguros en el trabajo porque sabía lo que se sentía cuando tu jefe no era muy consistente. Marty podía ver por qué la consistencia era la segunda *C* en el modelo de Dan para el liderazgo exitoso.

Más Ejemplos

Dan se dio la vuelta y miró por encima del hombro a la pizarra. Marty se preguntó qué estaba buscando. Se volvió para enfrentar a Marty. Puso su mano derecha en su barbilla como si estuviera considerando algo. Después de otro momento, dijo:
—Déjame compartir algunas cosas más contigo, Marty, que tienen que ver con el establecimiento de la consistencia.

—Suena bien —Marty respondió rápidamente, y Dan continuó.

—Hace muchos, muchos años... —Marty notó una sonrisa que se formaba en la esquina de la boca de Dan. Dan esperó un momento como si estuviera comprobando si Marty haría un comentario sarcástico. Marty resistió el impulso esta vez, y Dan continuó—. Antes de venir aquí a Wiser, trabajé para una compañía y un supervisor que cambió las cosas solo por el bien del cambio. Al menos eso es lo que se siente. Por ejemplo, un día nada era más importante que las ventas, al día siguiente era mejorar el servicio al cliente, al siguiente era crecer y adquirir nuevos negocios, y al siguiente era la seguridad en el lugar de trabajo. Y, por si fuera poco, incluso cambió lo que llamaba ciertas cosas. Por ejemplo, tenía objetivos básicos que luego se convirtieron en iniciativas estratégicas, y luego se llamaron pilares de la empresa. Como se puede adivinar, esto creó confusión, así como lo que se sentía como un ambiente muy volátil. Recuerdo que personalmente sentía que no podía contar con nada en esa compañía. Cada día que conducía hacia el trabajo, no estaba seguro de qué esperar. Era realmente muy estresante, y el volumen de negocios en la empresa era muy alto por una buena razón. Había poca o ninguna seguridad y estabilidad. Había tan poca consistencia.

Marty asintió con la cabeza al ver que un ambiente así puede ser difícil para cualquier equipo.

—Ahora, aunque eso era malo, lo que era aún peor era la frecuencia con la que el equipo de liderazgo, incluyendo a mi jefe, lanzaba nuevas iniciativas, programas, políticas, sistemas, lo que sea. Mi jefe en ese momento era un orador talentoso. Sus discursos eran a menudo inspiradores y motivadores, pero nunca había un seguimiento, y las nuevas iniciativas o sistemas nunca durarían.

Marty asintió de nuevo; todo esto le sonaba demasiado familiar.

—Por ejemplo, un año íbamos a recibir un pequeño bono cada mes que no hubiera lesiones de los empleados en el trabajo, y el monto en dólares de este bono debía crecer cada mes consecutivo que pasáramos sin una lesión. Esto me pareció una buena idea, ya que era un área con la que habíamos luchado. Sabía que sonaba muy bien para muchos de nuestros empleados que realmente podían usar el dinero extra.

Dan se inclinó hacia atrás ahora, relajándose en su silla. — Bueno, si recuerdo bien, el primer mes tuvimos una lesión, así que nos dijeron que no recibiríamos un bono, lo cual estaba bien; ese era el programa. Al mes siguiente no tuvimos ninguna lesión, y creo que todos recibieron una bonificación, pero después de eso, rara vez se volvió a mencionar. La gente me preguntaba si recibíamos una bonificación o si había habido una lesión, y yo tenía que decirles que honestamente no lo sabía. Mi jefe en ese momento posponía las preguntas al respecto y pronto actuaba como si el programa nunca hubiera existido. Este era un patrón común, y causaba mucha insatisfacción en nuestro equipo. Pronto, sin importar de qué tratara el siguiente gran discurso, todos sabían que eventualmente volveríamos a hacer las cosas como siempre las habíamos hecho.

Marty podía relacionarse con la historia de Dan; había escuchado su justa parte de grandes discursos de "inicio", solo para ver las nuevas iniciativas y programas desvanecerse. «Esto es muy común, incluso en Wiser Care», pensó. Incluso podía imaginarse en su mente los ojos de todos volviendo a ponerlos en blanco mientras compartía algo nuevo que su jefe anterior quería sacar a la luz. Al igual que muchos otros que lo hicieron, el equipo de Marty sabía que no iba a durar. Mientras pensaba en esto, Marty lo encontró irritante y siempre odió cómo sentía que le hacía parecerse a su equipo. Afortunadamente, su equipo entendió que estaba siguiendo las instrucciones de su jefe.

Dan continuó. —La inconsistencia realmente dañó la credibilidad y la confianza que teníamos tanto en nuestro jefe como en la organización.

Marty se dio cuenta de que el nivel de confianza que había tenido en su anterior jefe había disminuido mucho por comportamientos similares. —Los buenos discursos sin seguimiento envejecen muy rápido —comentó Marty, casi para sí mismo.

—Eso es cierto —acordó Dan, avanzando de nuevo en su silla.

Mirando a Marty seriamente, dijo: —No hagas esto, Marty. No seas inconsistente de esta manera. Si decides dar un bono por no tener lesiones durante el año, entonces hazlo. Si dices que vas a revisar los objetivos individuales con tus informes directos una vez al mes, entonces hazlo. Si decides que quieres establecer un programa de reuniones semanales, entonces síguelo. Y si sabes que no eres tan bueno siguiendo un horario o necesitas más flexibilidad, entonces por favor no lo menciones nunca. Lo mismo ocurre con los programas e iniciativas y políticas y sistemas. Si no tienes la disciplina para seguirlos y hacerlos, entonces no lo menciones nunca.

Marty se sentó, escuchando lo que Dan estaba diciendo. Pensó que todo parecía obvio, pero la mayoría de los líderes con los que había trabajado habían hecho lo que Dan compartía hasta cierto punto.

—Piensa bien las cosas antes de presentarlas a tu equipo. Debes saber cómo vas a seguir y haz un seguimiento de lo que estás a punto de introducir antes de anunciarlo. Asegúrate de que es algo que planean hacer y de que tienen la capacidad de seguir por un período de tiempo. Asegúrate de que es algo que realmente ayudará a tu centro. No seas un jefe que es todo palabrería sin seguimiento. Ser consistente de esta manera te ayudará a ser un buen jefe.

Marty estuvo de acuerdo con esto, y luego preguntó: —¿Qué pasa si estabas seguro de que el programa funcionaría, pero luego te das cuenta de que en el camino fue un error? ¿Deberías seguir con él por coherencia?

Dan no tardó mucho en responder. —No, no debería. Si sabes que has cometido un error, hazlo tuyo y deja que la gente sepa que has cometido un error. Cuéntales por qué ahora estás parando o cambiando algo que has puesto en marcha. Sin esta claridad sobre por qué sigues adelante o dejas o cambias algo, la gente creerá que estás siendo inconsistente. Sin embargo, si explicas claramente "el por qué" o la razón del cambio, la gente escuchará lo que estás diciendo y no lo atribuirá a la falta de fiabilidad o pensará que no se puede confiar en ti para seguir adelante. Esto es importante. Demasiados líderes eliminan los programas sin compartir claramente el porqué, y luego su gente se pregunta si se puede confiar en ellos.

Marty relajó sus manos y las puso en el escritorio. Esto tenía mucho sentido en su mente, y le gustaba mucho la idea de ser un jefe consistente.

Dan luego agregó, —Recuerda, la consistencia y la claridad se construyen mutuamente. Necesitas una para ayudar a apoyar a la otra. Si lo que decimos es lo más importante para nosotros cambia cada día, o si la forma en que le pedimos a nuestra gente que se comporte cambia cada día, o si los deberes y las responsabilidades están en constante movimiento, o si estamos introduciendo frecuentemente nuevos programas sin seguirlos, la gente va a perder el interés, se va a confundir, y en última instancia, a retener la confianza. Cuando falta claridad y consistencia, tener mucho éxito como líder se vuelve virtualmente imposible.

»Sin embargo, si se pueden aclarar las cosas hablando consistentemente de las cosas que más importan, si se pueden hacer consistentemente las pequeñas cosas que ayudarán a que el negocio avance, si se puede comportar consistentemente de manera que ayude a la gente a sentirse cuidada y valorada, si se pueden mantener consistentemente los programas que se introducen, si se pueden abordar consistentemente situaciones similares de maneras similares, si se puede hablar de la charla y luego seguir el camino, entonces será lo contrario. La gente sentirá que tiene un ambiente de trabajo estable y un líder con el que puede contar. Con altos niveles de claridad y consistencia, convertirse en un gran líder es casi inevitable.

A Marty le gustaba el sonido de eso. En el pasado se había imaginado a menudo caminando por los pasillos de un centro como director general con la cabeza bien alta, orgulloso del equipo que dirigía y del buen trabajo que hacían. En ese momento esta visión se reflejó en su mente. Ahora más que nunca, estaba listo para hacer todo lo que pudiera para implementar las dos primeras *C's* para el éxito del liderazgo.

Dan se puso de pie por un minuto y se estiró. Miró a Marty y dijo: —Tomemos un descanso rápido, pero antes de hacerlo, permítanme añadir que la consistencia requiere mucha disciplina, y hay que trabajar constantemente en ella. Y tu equipo te dará un respiro cuando tengas un mal día aquí y allá, porque créeme, lo harás de vez en cuando. Todos lo hacemos. Pero si intentas ser lo más consistente posible con tu comportamiento, actitud, acciones y enfoque, crearás un refugio seguro para tu equipo. Y la realidad es que, para algunos de sus empleados, el trabajo puede ser el único refugio que tienen.

La gravedad de sus responsabilidades como jefe le golpeó con una fuerza que nunca anticipó. Marty siempre supo que ser supervisor sería importante y podría afectar la vida de los que trabajaban bajo su mando, pero sintió que con Dan veía más claramente la administración que venía con ser un líder. Luego pensó en cómo sus jefes en el pasado habían influido e impactado su vida para bien o para mal. Marty quería ser el jefe que mejoraría la vida de sus empleados y sus familias. ¿Pero cómo? Esta pregunta lo hizo entrar en pánico por una fracción de segundo y luego... «Las cuatro *C's*», pensó, sacudiendo la cabeza al darse cuenta de lo útil que era esta información para él. Si podía concentrarse en las cuatro *C's*, sabía que lo llevarían al éxito como líder.

Dan volvió a interrumpir sus pensamientos. —Voy a caminar por el pasillo; empezaremos de nuevo en diez minutos —salió por la puerta y dejó a Marty solo para reflexionar más sobre lo que estaba aprendiendo.

Relato Personal

Dan entró por la puerta sin llamar, y Marty decidió que era hora de divertirse un poco con él de nuevo. —Oye, no has llamado —dijo, tratando de parecer molesto.

Marty pudo ver que Dan no se lo creía esta vez. Dan debió decidir igualar un poco el marcador porque dijo: —Bueno, acabo de hablar por teléfono con mi esposa y hemos decidido juntos que debo quedarme —así que supongo que esta es ahora mi oficina de nuevo.

Dan parecía sincero, lo que hizo que Marty se preguntara, horrorizado, si realmente estaba diciendo la verdad, pero entonces Dan comenzó a reírse. —Mi corazón casi se salta un latido —dijo Marty, poniendo una mano en su pecho—. No puedes hacerme eso ahora, Dan. Ya tengo suficiente estrés en mi vida tal como está —ambos continuaron riéndose juntos y bromeando por unos minutos, disfrutando de la compañía del otro.

Finalmente, Dan se sentó en su lugar habitual y miró seriamente a Marty. —¿Te importa si comparto una historia personal más contigo? —preguntó, sonando y pareciendo casi sombrío.

—En absoluto —respondió Marty, avanzando en su silla—. Me encantaría que lo hicieras.

—Hace unos veinticinco años, ocurrió algo en mi vida que me hizo realmente creyente de esta segunda *C*. Había sido director general durante poco más de tres años en mi primer centro y estaba teniendo un gran éxito. Era la primera vez que estaba a cargo y dirigía un centro entero, y la emoción de todo ello era realmente indescriptible. ¡Me encantó! Durante tres años trabajé estrechamente con mi equipo, y realmente tuvimos un éxito increíble juntos.

Marty había escuchado las historias sobre Dan y su éxito incluso al principio de su carrera con Wiser. Marty estaba seguro de que Dan se había ganado su reputación en esos primeros años de grandes logros como CEO y luego solo había seguido construyendo su legado desde allí. Se sentó adelante, ansioso por escuchar más.

—Amaba a mi equipo, Marty. Éramos un equipo de estrellas en mi mente, y gracias a ellos, me veía bien. Tuve mucha suerte de trabajar con ellos.

Marty dudaba que Dan fuera el único afortunado en esa situación. Marty estaba a punto de decirlo, pero Dan continuó rápidamente.

—De todos modos, algo me pasó. No estoy seguro de qué lo desencadenó, pero dejé de pensar con claridad. Dejé de hacer las cosas que habían ayudado a mi equipo a tener éxito. Me relajé y debí creer que siempre tendríamos éxito, sin importar lo que hiciera. Me convertí en un líder sin consistencia, aunque no me di cuenta de que ese era mi problema en ese momento.

Marty continuó escuchando atentamente intrigado por la historia de Dan.

—Mirando hacia atrás, sin embargo, pude ver cómo poco a poco había dejado de hacer las pequeñas cosas que me ayudaban a ser un líder efectivo. Primero fueron mis acciones y mi enfoque de las cosas, y luego fue mi comportamiento, y finalmente fue mi actitud. Como puedes adivinar, mi equipo comenzó a deteriorarse lentamente, y los culpé por ello —Dan sacudió la cabeza, sombrío de nuevo—. ¿Qué tan engañado estuve?

Marty quería decir algo, pero no estaba seguro de qué, así que decidió dejar que Dan continuara y no interrumpir sus pensamientos.

—La verdad es que no fue por ellos, sino por mí y mi nivel de inconsistencia e imprevisibilidad. Esto comenzó a aparecer en todo el centro de salud por la forma en que estaba actuando y comportándome. La retrospectiva siempre es de veintidós años.

Dan suspiró y se detuvo un momento. Marty volvió a preguntarse si debía decir algo, pero Dan continuó, con aspecto preocupado. —Me he preguntado a lo largo de los años si el equipo hubiera estado mejor si yo hubiera renunciado. Lamentablemente, la inconsistencia que creé eventualmente llevó a la ruptura de nuestro equipo de estrellas, y con el tiempo fui reasignado a otro centro de atención médica. Bueno, este, de hecho.

Marty fue sorprendido completamente desprevenido por lo que Dan había compartido. Mientras trataba de asimilarlo, Dan añadió: —En muchos sentidos, el hecho de que me hayan reasignado aquí fue un salto de fe para la organización y salvó mi carrera en Wiser Care. Debido a la consistencia o a la falta de ella durante este difícil momento, pasé de ser una estrella en ascenso en la organización a ser casi una persona que ya no lo era. Fueron días difíciles para mí, una lección difícil de aprender.

Marty no podía creer lo que estaba escuchando. Una serie de emociones pasaron por él. Primero, se sintió mal por Dan y no podía imaginar cómo alguien podía esperar que fuera constante todo el tiempo. Luego, se sintió un poco enfadado con el equipo de Dan por no dar un paso adelante y hacer su parte. Por último, se sintió sorprendido de que Dan hubiera metido la pata hasta el punto de tener que ser reasignado a otro centro. Marty había oído que Dan había pasado por una mala racha durante su estancia en Wiser Care, pero no se lo había creído. O al menos había asumido que no era realmente un gran problema. Ciertamente nunca imaginó que le habían pedido que dejara su posición y se mudara a otro centro. Esta historia realmente lanzó a Marty a un bucle.

Después de recobrar la compostura, Marty preguntó: —¿Puedes contarme más sobre lo que dejaste de hacer? —Marty quería saber. Necesitaba aprender todo lo que pudiera de Dan y evitar cometer el mismo error. También podía sentir cuánto le dolía la situación a Dan, así que quería ser sensible.

—Absolutamente —respondió Dan, sonando un poco más optimista—. Como dije, reflexionando, fue la inconsistencia de mis acciones y mi enfoque lo que me llevó a mi muerte. Comencé a reprogramar y a llegar tarde a las reuniones importantes, por ejemplo, y a dejar pasar pequeñas cosas que normalmente habría abordado y corregido de inmediato. Dejé de tener reuniones regulares con mi equipo central de líderes, y me aburrí de repetir y revisar los objetivos y resultados de nuestro centro. Aunque no lo sabía en ese momento, comencé a delegar algunas de mis responsabilidades más importantes a otros, como presentar en los nuevos empleados orientaciones sobre la misión, la visión y los valores e involucrarme en el proceso de entrevistas. Había hecho un gran trabajo conociendo a mi personal, pero lo dejé pasar. Antes de lo que creía posible, vi a la mayoría de los extraños trabajando en mi centro. También dejé de revisar mis presupuestos religiosamente y de monitorear de cerca las métricas clínicas clave. Estas son algunas de las cosas que me vienen a la mente. Fui tan constante con ellas durante tanto tiempo y luego comencé a dejar de hacerlas. Tuvimos mucho éxito, y supongo que decidí que podía simplemente ir a la costa, socializar con los médicos y los compañeros, y participar solo en lo que creía que eran las partes más agradables del trabajo. Obviamente no reconocí cómo la consistencia me había ayudado a ser un buen líder para mi equipo.

Marty estaba sorprendido de que Dan hubiera dejado de hacer esas cosas que parecían haberle ayudado a conseguir resultados increíbles. Aunque había visto a otros ser inconsistentes, no era algo que esperara de Dan, aunque hubiera sido hace más de veinte años.

Dan continuó. —Para añadir a esto, como nuestros resultados disminuyeron lentamente, afectó la forma en que me comporté e interactué con mi personal. Pronto mi actitud se volvió más errática, ya que empecé a culpar a otros por nuestro lento declive. Oh, me disculpaba de vez en cuando, pero entonces salía otro número pobre, y me volvía a meter en mi equipo. Con el tiempo, la gente no sabía qué esperar de mí, y empezamos a perder personal importante. Podía sentir que las ruedas se desprendían, y otros también lo notaron y comenzaron a abandonar el barco. Mirando hacia atrás, creo firmemente que mi repentina inconsistencia erosionó lentamente lo que habíamos construido.

—Vaya —susurró Marty en voz baja. Realmente le costó mucho imaginar a Dan comportándose de esta manera. A pesar de su historia, Marty sintió que Dan era el principal ejemplo de consistencia basado en todo lo que había observado y oído sobre él.

—Mirando atrás ahora, creo que me he vuelto arrogante y complaciente. Mi personal era tan capaz y me apoyaba de todo corazón, pero dejé de ser quien había sido para ellos hasta ese momento. Tengo plena confianza en que habrían continuado alcanzando nuevas alturas si hubiera seguido con esta C. Si hubiera entendido entonces lo que hago ahora, solo puedo esperar que hubiera estado más atento para mantenerme constante. Con el conocimiento del modelo, creo que lo habría reconocido y mejorado. Aprendí una lección invaluable de esta experiencia. ¿Ves por qué esto es tan importante?

Marty todavía estaba sorprendido por lo que Dan compartía. —Ciertamente veo cuán crítica es la consistencia y realmente aprecio que compartas esta historia conmigo — Marty se dio cuenta de que para Dan, esta era una lección aprendida que le había servido bien durante los siguientes veinte años de su carrera. Claramente, no había vuelto a cometer el mismo error.

Marty estaba agradecido una vez más de que Dan le transmitiera sus más dolorosas lecciones aprendidas. Sentía que estaba adquiriendo un conocimiento invaluable de su nuevo mentor.

Tradiciones

Dan miró su reloj y dijo: —El tiempo pasa muy rápido. Es más tarde de lo que pensaba. Me disculpo por haberte quitado tanto tiempo ya.

En ese momento Marty miró el reloj de la pared detrás de Dan y quiso animarlo a quedarse. Quería aprender todo lo que pudiera sobre las cuatro C's ahora; no quería esperar. Marty sabía que estaba siendo impaciente y pensó mejor en decir lo que estaba pensando. Se dio cuenta de que debería estar más agradecido de que Dan estuviera dispuesto a pasar sus primeras mañanas de retiro con él.

—No te preocupes por mi tiempo, Dan. Realmente debería agradecerte más. Estoy seguro de que nunca imaginaste que así serían tus primeros días de retiro.

Dan sonrió y dijo honestamente: —No, no lo es, pero estoy feliz de hacerlo. No hay nada que quiera más que que tú y el equipo de aquí tengan éxito.

Marty podría decir que Dan lo decía en serio. Luego Dan añadió: —Y sé que el modelo de las cuatro C's puede ayudar mucho.

Marty asintió con la cabeza. Estaba tan impresionado con Dan y su respeto por él parecía crecer con cada minuto que pasaba.

Dan, retorciéndose torpemente, señaló la pizarra detrás de él. —Hablemos de la última parte de la consistencia, que también es muy importante. Otra forma de solidificar la consistencia es estableciendo tradiciones —volviendo a la cara de Marty continuó—: Supongo que se podría decir que la consistencia y las tradiciones van de la mano.

Marty miró a Dan, un poco inseguro de lo que quería decir. Dan añadió: —Lo que quiero decir es que cuando haces las cosas consistentemente, se convierten en parte de lo que eres. Por ejemplo, hacíamos nuestras reuniones matutinas diarias de las que te hablé consistentemente. Después de un tiempo, se convirtió en una forma de hacer negocios para nosotros. Ni siquiera pensamos dos veces en hacerlo ahora; es una tradición matutina. Es solo parte de cómo hacemos las cosas por aquí y algo en lo que la gente puede confiar.

Marty pensó que eso tenía sentido.

—Cuando hacemos cosas consistentemente, creamos nuestra propia y única forma de hacer negocios. Esto construye un sentido de pertenencia dentro de tu equipo y organización. Sin la consistencia, tu forma de hacer negocios no sería clara y por lo tanto en muchos aspectos no existiría en absoluto. Es difícil establecer una cultura fuerte, reconocible y única sin consistencia y tradiciones. ¿Recuerdas la página extra que añadimos a nuestra solicitud de empleo para aumentar la claridad? —Dan preguntó.

Marty asintió, recordando cómo Dan y su equipo habían creado esta página adicional para ayudarles a aclarar desde el principio lo que era más importante para su centro.

—¿Aquella en la que pedimos a los solicitantes que respondan a las preguntas sobre nuestra misión y valores?

—Sí, lo recuerdo —dijo Marty.

—Aunque lo haya mencionado brevemente, se ha convertido en el documento más importante que revisamos durante nuestro proceso de entrevista. Ha dado forma a la forma en que estructuramos nuestras entrevistas. Enfocamos muchas de nuestras preguntas alrededor de esa página específica. Es lo que hacemos durante las entrevistas; es nuestra propia y única forma de hacer negocios. La consistencia nos ha ayudado a crear una tradición de cómo realizamos las entrevistas.

Marty entendió lo que Dan estaba hablando. Una cosa que hizo a Wiser Care único fue la forma en que permitió a sus directores generales para operar sus centros de atención médica. En lugar de establecer políticas estrictas sobre cómo se deben hacer las cosas en cada centro, permitió a los CEOs mucha libertad para tomar decisiones y hacer las cosas que eran mejores en base a las comunidades locales únicas de los centros. No estar atado a un enfoque de "talla única" era la forma en que la organización hacía negocios, y atrajo a muchos buenos líderes que querían más flexibilidad para dirigir sus propias operaciones. En la mente de Marty, esto fue probablemente un ejemplo de una tradición de la compañía o de cómo Wiser Care hacía negocios.

Dan miró hacia el rincón de la habitación por un momento y luego hacia Marty. —Hay otros tipos de tradiciones que deberías esforzarte por establecer también para mejorar la consistencia. Estas son tradiciones más 'divertidas'. Por ejemplo, comenzamos un intercambio de regalos de vacaciones entre nuestros jefes de departamento hace unos nueve años, y se ha convertido en algo que hacemos cada año. Se ha convertido en una tradición que nos anima a interesarnos por los demás y a pasar un tiempo de relajación en un entorno más cómodo y libre de estrés. Nuestra gente realmente lo espera cada año, y es algo con lo que pueden contar. Se ha convertido en una parte de nuestras tradiciones únicas.

»En esa época del año, nuestro equipo de jefes de departamento también nomina y adopta algunas familias para cuidarlas. Nos aseguramos de que estas familias tengan unas buenas vacaciones recogiendo regalos y proporcionando todo lo necesario para una buena comida. Típicamente, las familias que elegimos son miembros de nuestro propio personal que necesitan un poco de ayuda extra durante las fiestas. Esta es una tradición realmente reconfortante que trae mucha alegría en muchos niveles diferentes.

»También tenemos una barbacoa familiar y comunitaria de primavera. Como puedes imaginar, esto siempre es un gran éxito. La gente lo espera cada año, y es otra tradición que muestra que valoramos las relaciones.

Marty pudo ver cómo el establecimiento de las tradiciones ayudó a reforzar los sentimientos de consistencia, estabilidad y conexión.

Dan entonces sonrió y dijo, —Ahora, esto puede sonar tonto —su sonrisa creció mientras continuaba hablando—. Pero aquí en nuestro centro de salud, siempre servimos solo ponche verde en todas nuestras fiestas y eventos. Honestamente, no estoy seguro de cuándo comenzó esta tradición. Como el color de la marca de nuestro centro es verde, en algún momento, es lo que empezamos a hacer, y está atascado. Y déjame advertirles ahora, si traes o intentas proveer un ponche de color diferente en cualquier función aquí, ¡el equipo te perseguirá!

Dan se rio mientras Marty sonreía y consideraba por qué esto realmente importaba.

—Incluso estas pequeñas cosas que parecen tan insignificantes pueden reforzar la consistencia y crear una cultura única en la que tu personal puede confiar. A medida que creas tradiciones, la gente comienza a esperarlas, y ayuda a crear sentimientos de estabilidad y pertenencia.

Marty pensó que entendía el punto de vista de Dan sobre las tradiciones y le gustaba la idea de crear una forma única de hacer las cosas a través de la consistencia. Vio cómo la inconsistencia realmente destruiría cualquier esperanza de desarrollar una cultura única con la que la gente pudiera entusiasmarse.

Dan miró su reloj otra vez, y luego, como si estuviera considerando algo, dijo: —Te prometo que ya casi termino, Marty, pero ¿puedo tomarme unos minutos más?

—Por supuesto —respondió Marty. Se sentía bien con la segunda *C*.

Actúa Como Se Promete

—Ahora —continuó Dan, moviéndose hacia el borde de su asiento—. Hemos hablado de ser consistentes en tu comportamiento, acciones, enfoque y tradiciones. También hemos hablado de cómo la consistencia refuerza tu claridad y de muchas maneras es tu claridad en la acción —Marty asintió con la cabeza, coincidiendo con lo que Dan estaba diciendo—. Aquí están mis últimos pensamientos.

Marty se inclinó de nuevo hacia adelante en su silla para mostrar que todavía estaba muy interesado en lo que Dan estaba diciendo.

—Recuerda, la consistencia es mucho acerca de crear confianza a través de la confiabilidad y la fiabilidad incluso con las cosas simples. Una frase que me gusta usar para recordarme a mí e incluso a otros para ser consistentes es siempre actuar como se promete.

Esto sonaba interesante. Marty siguió escuchando.

—Lo que quiero decir con esto es que tienes que hacer lo que dices que vas a hacer como jefe. Como hablé antes, si dices, por ejemplo, que vas a tener una reunión a las 9:00 a.m. todos los jueves para discutir el cuidado de los pacientes, entonces hazlo. Y asegúrate de que suceda de manera consistente. Casi nada es más exasperante que un jefe que nunca cumple con lo que dice o un jefe al que nunca puedes creer. No olvides que la gente recuerda y analiza en exceso cada palabra que dices. Cuando dices que volverás a ver a alguien en una hora, puedes apostar que estarán mirando el reloj, esperando saber de ti en una hora. Demasiados líderes pierden la confianza de sus equipos como resultado de promesas rotas.

Marty lo entendió. Después de todo, había visto líderes que hacían muchas promesas, pero nunca parecían cumplirlas. «Su último jefe era un ejemplo perfecto de esto», pensó Marty. Le había prometido a Marty que tendría mucho tiempo para pasar con Dan antes de su último día, y aquí estaban, reuniéndose en el trabajo durante la primera semana de retiro de Dan. Marty sintió que un torrente de frustración lo invadía, pero rápidamente lo dejó ir, dándose cuenta de que no había nada que pudiera hacer al respecto en ese momento. En su mente, sabía exactamente lo molesto que podía ser cuando un jefe hacía promesas que no cumplía.

—Creo que muchos líderes a veces no son cuidadosos con lo que dicen, y aunque tienen buenas intenciones de seguir con alguien en una hora, por ejemplo, no lo piensan bien. Una vez más, la gente a la que diriges se aferra a tu palabra. Esperan que hagas lo que dices que vas a hacer. Si no cumples, disminuyes tu influencia como líder. Y una vez que se pierde la confianza, es difícil recuperarla. Así que debes ser cuidadoso en lo que dices y asegurarte de que siempre tienes la intención de hacer lo que dices. Debes mantener tu palabra de manera consistente.

—Lo entiendo —dijo Marty. Aunque no iba a compartir ningún detalle, añadió—, he visto que esto sucede y entiendo lo frustrante que puede ser cuando un líder hace esto.

Pareciendo satisfecho, Dan dijo, —Algunos de nosotros, solo tenemos que trabajar en esto más que otros. De nuevo, el punto es la consistencia. Es crear un sentido de fiabilidad y seguridad que construye la confianza. Cuando existen altos niveles de confianza y seguridad en tu equipo, te llevará a un mayor éxito. Por eso cuando dices que vas a hacer algo, hazlo.

Ser inconsistente con lo que dices o haces puede convertirse en una gran perturbación para los niveles de consistencia que querrás construir para dirigir un buen negocio y ser un gran jefe.

Marty consideró esto en su mente, y sabía que era verdad. Dan añadió, —Recuerda, la clave de la consistencia es la disciplina.

Marty pensó que ser consistente en el seguimiento de lo que dices que vas a hacer, de nuevo sonaba simple en teoría, pero era difícil en la práctica. Determinó en ese momento que haría todo lo posible para tener la consistencia de disciplina requerida. Marty quería ser consistente. ¡Quería ser un jefe increíble!

Salida

—Creo que es hora de que me vaya —dijo Dan mientras se levantaba de su silla estirándose—. Ahora, sé que he mencionado esto, pero todas las *C's* encajan y se construyen una sobre la otra. Con suerte, puedes ver como la consistencia y la claridad trabajan juntas y se construyen una sobre la otra, como la consistencia refuerza tu claridad.

Marty podía ver cómo la consistencia era una perfecta compañera de la claridad. Ciertamente encajan en su mente mientras reflexionaba sobre lo que Dan le había enseñado. — Creo que lo tengo.

—Eso espero, Marty —dijo Dan—. Ambos son muy importantes.

Ambos sonrieron, y Marty se puso de pie y extendió su mano. Dan la sacudió y dijo: —Bueno, hemos cubierto mucho hoy, y probablemente casi te he vuelto loco hablando tanto de la consistencia —Dan dio un paso lateral hacia la puerta—. Por mucho que esté disfrutando de nuestra conversación, supongo que es hora de que te deje en paz para que pienses en esto. Además, ese teléfono tuyo de ahí se ha estado encendiendo como loco —apuntó al móvil de Marty en el borde más alejado de su escritorio.

Si eso era cierto o no, Marty no estaba seguro. Con su teléfono en silencio, no le había prestado mucha atención.

Dan añadió: —Sé que tienes mucho que hacer, y no quiero retenerte más tiempo del necesario, además, odiaría que me usaras como excusa para no hacer nada por aquí.

Dan sonrió ampliamente, y Marty soltó —¡Ja! Eso podría no ser una mala idea. ¿Crees que esa excusa funcionará?

Ambos sonrieron. Mientras los dos caminaban hacia la puerta, Marty añadió con sinceridad: —Gracias, Dan, por tu tiempo hoy. Realmente lo aprecio.

Y con eso, Dan salió por la puerta.

***

El resto del día de Marty fue un torbellino. Tan pronto como Dan se fue, Kate lo bombardeó con una lista de personas que habían llamado o pasado a verlo. Luego había algo sobre la alarma de incendios que no funcionaba, seguido de un código azul en el segundo piso. Marty entonces hábilmente resolvió algunos problemas esa tarde e incluso tuvo una buena primera reunión con el Dr. Simpson. Aunque el día de Marty fue mucho más ocupado de lo que le hubiera gustado, tal era la naturaleza del negocio y su nueva posición. Y como las cosas estaban tan ocupadas, no tuvo tiempo de pensar mucho más en lo que él y Dan habían hablado antes.

En su tarde viaje a casa, esa noche pensó en la consistencia y en cómo podría ayudarle a ser un gran jefe. No había duda en su mente en este punto que enfocarse en la consistencia le ayudaría a ser un mejor líder para su equipo y una mejor persona para su familia. Aunque estaba exhausto después de un largo día y no podía esperar a que su cabeza golpeara la almohada, sentía una pequeña emoción de anticipación para la mañana en que descubriría la tercera *C* en el modelo del éxito del liderazgo.

Tercera Parte

Celebración

La Tercera *C*

Era un nuevo día. Aunque parecía haber un tiempo nublado fuera de la ventana de su oficina esta mañana de otoño, no coincidía con el humor de Marty. A pesar de que anoche durmió poco con las dos primeras *C's* en la cabeza, estaba ansioso por reunirse con Dan y continuar la discusión sobre el modelo de las cuatro *C's*. Sabía que esta era una rara oportunidad de ser tutelado tan de cerca por uno de los líderes más exitosos en la historia de la compañía. Sentía que tenía que hacer todo lo posible para aprovecharla. La principal preocupación de Marty esta mañana era cuán rápido podría implementar las cuatro *C's* en su centro. No quería esperar, quería causar una buena primera impresión y tener un impacto positivo inmediato en su equipo como nuevo CEO. Sabía, sin embargo, que era impaciente por naturaleza, así que trató de recordarse a sí mismo a menudo que a Dan le llevó muchos años dominarlos. También se dio cuenta de que aún tenía mucho que aprender.

Escaneando su oficina, Marty decidió que era hora de sacar algunas de sus pertenencias personales. Había estado tan ocupado los últimos dos días que no había tenido tiempo de hacer mucho por su oficina, y se sentía bastante vacío en la tranquilidad de la mañana.

Mientras Marty todavía estaba poniendo cuidadosamente algunas de sus cosas, Dan prácticamente irrumpió en la puerta con un estruendoso "Buenos días", y luego mostró una sonrisa.

Si Marty se hubiera sentido cansado de alguna manera, Dan lo habría ahuyentado con su gran entrada. Marty le devolvió la sonrisa, sorprendido por sus payasadas y preguntándose qué estaba haciendo.

—Perdona si te he asustado, Marty. No pude evitarlo. Ayer me pareció demasiado extraño llamar a la puerta, así que pensé que hoy actuaría como si fuera el dueño del lugar —dijo Dan mientras entrecerraba los ojos y se reía. Antes de que Marty pudiera decir una palabra, Dan dijo con verdadero entusiasmo—, bueno, estamos en nuestro tercer C. ¿Estás listo para celebrar? —caminó rápidamente hacia Marty y se dejó caer en su silla habitual al otro lado del escritorio.

Marty ya estaba disfrutando de la energía de Dan esta mañana y no podía esperar para saber cuál era la siguiente C. —Sabes, hay una respuesta obvia a esa pregunta —dijo, tratando de igualar el entusiasmo de Dan sin mucho éxito. Esperó un momento para crear un efecto dramático antes de decir: —¡Claro que sí!

—¡Excelente! —Dan dijo, calmándose un poco—. Así que déjame hacerte algunas preguntas. ¿Cuánto te gusta divertirte en el trabajo?

Marty se preguntaba qué estaba haciendo Dan, y dudaba en responder. Finalmente levantó una de sus cejas, respondiendo: —¿Diversión?

—Así es, Marty. ¿Cuánta diversión? —Dan dijo esto otra vez con un poco más de energía en su voz. Este era un Dan diferente al que Marty había visto en los dos días anteriores.

—Bueno —dijo Marty lentamente, sin estar seguro de hacia dónde se dirigía la conversación—. Supongo que nunca he pensado en ello. Supongo que diría que me gustaría divertirme mucho en el trabajo, pero también me doy cuenta de que probablemente no es algo que pueda suceder realmente.

Dan parecía pensativo antes de decir: —Vale, me parece justo, aunque luego pueda cuestionar lo que acabas de decir. Pero por ahora, ¿cuánta diversión crees que le gustaría tener a la gente que ahora trabaja para ti en el trabajo?

Una vez más, Marty se sintió completamente perplejo por el rumbo de la conversación. —Supongo que la mayoría de la gente diría que le gustaría divertirse mucho en el trabajo si pudiera, pero creo que la mayoría de la gente se da cuenta de lo impráctico de eso a menos que trabajen en Disneylandia o algo así. Creo que la mayoría de la gente espera que el trabajo sea trabajo y no un lugar para la diversión.

Dan se puso la mano en la barbilla. Asintiendo lentamente, dijo: —¿Sabes qué? Creo que acabas de clavarlo en la cabeza.

Marty sacudió la cabeza ligeramente ya que no estaba siguiendo. Se preguntó si de alguna manera lo había malinterpretado.

—Creo que a la mayoría de la gente le encantaría trabajar en un lugar donde se divirtieran mucho, pero la mayoría no espera eso. ¿Por qué lo esperarían de todos modos? —se alejó mientras se daba la vuelta y miraba lejos de Marty.

Marty esperó a que Dan continuara, pero no lo hizo. En cambio, parecía estar mirando la nueva foto que Marty acababa de colgar en la pared de su oficina de un hermoso fairway en un prístino campo de golf en algún lugar tropical, tal vez Hawái. —Bien, ¿qué tiene eso que ver con la tercera *C*? —Marty finalmente preguntó, rompiendo el silencio mientras Dan continuaba mirando la película.

—¿Te gusta el golf? —preguntó Dan, aparentemente cambiando de tema.

—Sí —respondió Marty, riéndose de la respuesta evasiva de Dan—. ¿Qué lo delató?

Dan ignoró la pregunta de Marty y preguntó: —¿Cuánto?

—Mucho, en realidad. Siento admitirlo, pero paso la mayor parte de mis fines de semana y vacaciones jugando al golf. ¿Te gusta el golf? —preguntó Marty, todavía muy confundido por su actual conversación.

—En realidad, sí. Pero no siempre he tenido mucho tiempo para disfrutarlo. Parece que todo eso va a cambiar para mí ahora, si es que alguna vez puedo salir de esta oficina —respondió Dan, volviendo la cabeza a Marty con una sonrisa—. En realidad, creo que el golf es muy divertido, y eso es todo, Marty. O al menos eso es parte de ello. Es una parte importante de la tercera *C*.

Marty estaba muy confundido en este punto. ¿Cómo era la diversión o el golf una parte de la tercera *C*? Se sentía perdido. Sabía que ninguna de estas palabras empezaba con la letra C. Aunque pensó en señalarlo sarcásticamente, decidió que probablemente no era lo mejor, así que simplemente esperó a que Dan compartiera más.

Marty notó que Dan reconoció la mirada confusa en su rostro, y comenzó a reírse de nuevo, sacudiendo lentamente la cabeza. —Supongo que te estás preguntando cuál es la tercera *C*, ¿no? Bueno, Marty, ya te lo he dicho.

Marty estaba completamente perdido ahora. De nuevo, pensó que Dan debía referirse a la diversión o al golf de alguna manera, pero no pudo encontrar una palabra con C que significara "diversión" o "golf".

Se dio cuenta de que Dan se estaba divirtiendo introduciendo la tercera *C* de una manera muy críptica y rotunda. En la mayoría de las circunstancias esto habría irritado a Marty, pero Dan estaba tan lleno de energía y emoción hoy que no le molestaba. De hecho, lo estaba disfrutando. Se rio para sí mismo. —Vas a tener que decírmelo, porque estoy confundido. Espero que esa no sea la tercera *C* —añadió, riéndose todavía.

Dan se rio. —No, no, no lo es. Confundido no es la tercera *C* —finalmente sintiendo que lo dejaban libre, Dan dijo—: La tercera *C* es 'celebración'.

Antes de que Marty pudiera entender completamente lo que Dan acababa de decir, Dan hizo algo totalmente inesperado. Se levantó de su silla y cantó, —Celebren los buenos tiempos, vamos —mientras levantaba las manos sobre su cabeza como si estuviera intentando hacer un movimiento de baile. Marty tuvo que reírse de nuevo. No había visto este lado de Dan hasta ese momento, y pensó que tal vez la libertad y la vida libre de estrés de la jubilación estaba empezando a caerle bien.

—Marty, la tercera *C* es 'celebración'. Tienes que disfrutar del trabajo y hacerlo agradable para los miembros de tu equipo, y la mejor manera de hacerlo es celebrando. Cuanto más celebres, mejor estarás —Dan se acercó a la pizarra y añadió a lo que ya había escrito. Así es como se veía ahora:

CELEBRACIÓN — **Diversión + Medición + Reconocimiento**

Ser consistente con
- Comportamientos
- Acciones
- Enfoque
- Tradiciones

CONSISTENCIA

CLARIDAD

Bloques de Construcción
- Misión
- Visión
- Valores

Artículos de Gran Valor
- Roles y Responsabilidades
- Proceso de Evaluación
- Normas y Expectativas
- Metas
- Resultados
- El porque (para las reuniones, sistemas, procedimientos, políticas, decisiones, etc.

—Hay tres partes de celebración, que he escrito en la pizarra —dijo Dan cuando volvió a la silla y se dejó caer en su asiento.

Marty pensó en la palabra "celebración" y en cómo encajaba exactamente en el trabajo. Dan continuó. —¿Cómo te sentirías si la primera vez que alcanzas tus metas presupuestarias aquí en tu nuevo puesto, el director de operaciones de Wiser Care te llevara a jugar al golf para celebrar tu éxito?

Marty no tuvo que pensar mucho antes de responder: —Eso sería bastante asombroso. ¡Me encantaría!

—¿Crees que eso ayudaría a convertirlo en un mejor jefe? ¿Al menos a tus ojos? —preguntó Dan, levantando las cejas como para añadir efecto.

Una vez más, Marty no dudó. —Eso definitivamente lo haría un jefe increíble en mi mente.

Marty instantáneamente comenzó a pensar, ¿alguien haría eso? Ningún jefe había hecho algo remotamente parecido por él en el pasado como respuesta inmediata a su buen desempeño. Al menos no que él pudiera recordar, y estaba seguro de que, si lo hubieran hecho, lo habría recordado.

—Ahora, eso puede ser un ejemplo un poco improbable. No quiero darte esperanzas, pero el punto es que a la gente le gusta celebrar y divertirse. ¿Y por qué no deberían hacerlo cuando están produciendo buenos resultados?

Marty lo pensó, y lo que Dan acababa de decir tenía sentido para él.

—Como jefe tienes la responsabilidad de ayudar a tu equipo a sentirse exitoso. Puedes hacerlo ayudándolos a celebrar cuando logran metas y tienen grandes resultados. No tiene que ser un viaje fabuloso a un bonito campo de golf; en realidad puede ser mucho más simple que eso. Lo más importante es que reconozcan y celebren el buen desempeño.

Marty sintió que empezaba a ver por qué la celebración encajaba en el modelo como la tercera C. «A todo el mundo le gusta que se le reconozca y se le reconozca por sus resultados», pensó.

—Dijiste antes que a la mayoría de la gente le gustaría divertirse en el trabajo, pero nunca lo esperaría. ¿Por qué crees que es así?

Marty tuvo que detenerse y pensar en esto por unos momentos. Finalmente, dijo: —Bueno, supongo que porque la mayoría de los trabajos no se consideran tan divertidos.

—Bien, supongo que puedo comprar eso de alguna manera —dijo Dan lentamente—. Pero tiene que haber una razón aún mejor. ¿Por qué la gente no espera divertirse en el trabajo? Lo digo en serio.

Marty podía decir que Dan realmente quería que lo pensara bien. Estaba luchando por encontrar una buena respuesta. Finalmente, lo único que se le ocurrió salió de su boca. —Tal vez es porque nunca han experimentado la diversión en el trabajo.

Dan movió su mano hacia atrás a su barbilla como si estuviera contemplando la respuesta de Marty. —Hmm. Creo que puedes tener razón en algo, Marty. Tal vez la gente no lo espera porque nunca lo ha experimentado. En realidad, me gusta mucho eso —Dan se inclinó hacia atrás en su silla y puso sus manos detrás de su cabeza—. Nunca he considerado eso, pero creo que probablemente tengas razón.

»¿Cuántas horas pasas en el trabajo? En promedio, digamos que en una semana.

Marty pensó en esto y se preocupó un poco más sobre cómo responder. La realidad era que era alguien a quien le gustaba llegar temprano al trabajo e incluso quedarse hasta tarde. Se enorgullecía de su habilidad para trabajar mejor que sus colegas y compañeros, aunque sabía que a veces le molestaba a la gente. Marty creía que poner tiempo extra valdría la pena, y hasta este punto, en su mente, lo había hecho.

—Supongo que unas sesenta horas a la semana en la oficina, tal vez un poco más —Marty sintió que estaba siendo un poco conservador, pero tampoco quería parecer que estaba exagerando. Se preguntaba por qué se preocupaba por estas cosas con Dan. Sinceramente sentía que Dan no era alguien que necesitara ser impresionado.

—Eso es mucho, Marty —respondió Dan. Marty sintió un poco de alivio en su respuesta—. Así que pasas sesenta horas a la semana en el centro y no te diviertes durante ese tiempo; ¿es eso correcto?

Marty dudó, pero de nuevo decidió que solo podía responder con la verdad. —Bueno, sí, en su mayor parte. Quiero decir, disfruto lo que hago e interactúo con el personal y la gente, pero...

Dan le interrumpió y le preguntó sinceramente: —¿Por qué? ¿Por qué pasas todas esas horas sin divertirte? Eso parece bastante horrible.

Marty se dio cuenta de que Dan tenía razón. Si era honesto, tenía que admitir que era horrible a veces. A menudo sacrificaba cosas que disfrutaba fuera del trabajo como su familia e incluso el golf para pasar largas horas. Sabía que eso no era inusual, pero pensó más en el punto de vista de Dan.

De repente, Marty se dio cuenta de que Dan estaba esperando una respuesta, así que rápidamente dijo: —No siempre es lo más fácil de hacer, pero estoy comprometido con nuestra empresa y realmente no me importa.

—Eso es admirable —dijo Dan sinceramente—. La mayoría de la gente no dedica ese tipo de horas a hacer el trabajo. Wiser Care tiene suerte de tenerte.

Marty sintió el mismo orgullo que siempre sintió cuando alguien lo reconoció por todas las largas horas que pasó en el trabajo. Pero justo cuando se sentía bien consigo mismo, Dan interrumpió sus pensamientos con otra pregunta sorprendente.

—¿Cuánto tiempo crees que podrías dedicarle si te divirtieras mientras lo haces?

Esto era algo que Marty nunca había considerado. Sentía que estaba bastante agotado con su tiempo y no estaba seguro de cómo responder. Decidió que podía ser honesto con Dan. —Supongo que tal vez un poco más, pero me siento bastante agotado con mi tiempo.

Dan le dio a Marty lo que pensó que era una mirada tranquilizadora antes de decir: —Déjame preguntarlo de una manera mejor. Si realmente disfrutaras del trabajo, y hubiera un elemento de diversión con el que pudieras contar constantemente, ¿crees que el tiempo que pasas en el trabajo sería más productivo? ¿Crees que podrías hacer más en menos tiempo porque te parecería más agradable?

Marty nunca había considerado tal posibilidad. Si el trabajo fuera más divertido día a día, ¿podría hacer más en menos tiempo? Honestamente no estaba seguro. —No estoy seguro —respondió, dándose cuenta de que, si el trabajo era divertido, probablemente querría estar allí más a menudo, o por lo menos esperaría estar allí más que en el pasado.

Marty estaba a punto de añadir a su respuesta cuando Dan dijo: —Supongo que probablemente podrías. Tenemos que cambiar toda nuestra mentalidad sobre el trabajo. Necesitamos cambiar la expectativa de 'nada de diversión' a 'mucha diversión'. Pedimos a la gente que pase al menos cuarenta horas a la semana aquí, y como tú, muchos pasan incluso más que eso. En lugar de tener la expectativa de que el trabajo no es un lugar para divertirse, ¿qué pasaría si la gente pensara que es un lugar donde pueden divertirse? Podemos hacer eso cuando celebramos a menudo. El trabajo puede ser divertido, Marty. De hecho, creo que debería ser divertido.

—No estoy seguro de cómo cambiamos la creencia en nuestra sociedad de que el trabajo no es un lugar para la diversión. Creo que debería ser exactamente lo contrario. El trabajo puede y debe ser muy divertido. Cuando celebramos el éxito, cuando reconocemos a la gente, cuando medimos constantemente nuestros resultados y proporcionamos un marcador para seguir el progreso, es divertido. Cuando haces estas cosas, tu personal disfrutará estando aquí. Incluso pueden esperar venir cada día. E incluso, pueden invitar a sus amigos y conocidos a unirse a ellos.

—Interesante —dijo Marty en voz baja. Lo que Dan había dicho sobre la tercera C le llegó al corazón mientras los pensamientos corrían por su mente. Si podía crear un ambiente donde el trabajo fuera realmente agradable, estaba seguro de que dos de sus mayores preocupaciones potenciales sobre su nuevo puesto serían minimizadas. Aunque Marty no lo había admitido ante nadie, desde que llegó la invitación para convertirse en director general, estaba realmente preocupado por dos problemas de los que casi todos sus jefes anteriores siempre se habían quejado abiertamente y con los que luchaba profundamente: la rotación de empleados y la contratación de nuevo personal.

El cuidado de la salud estaba llegando a un punto de crisis con la escasez de enfermeras, y la capacidad de encontrar y retener personal había causado muchos problemas en muchos de los centros en los que había trabajado. Sabía que, para tener éxito, necesitaría encontrar buen personal, pero le preocupaba cómo hacerlo. Crear un lugar donde la gente sintiera realmente un elemento de diversión, donde el equipo celebrara el éxito y le gustara estar juntos, le sonaba a Marty como algo que podía ser realmente efectivo. Aunque una respuesta inesperada que podría no eliminar completamente estos problemas, él pudo ver cómo crear este tipo de ambiente de trabajo podría realmente ayudar. Además, Dan había liderado a menudo la organización en resultados de satisfacción de los empleados, sin mencionar su consistencia en mantener una de las mejores tasas de rotación de empleados en su centro. Tal vez las cuatro *C's* eran la verdadera solución a estos enormes problemas. Marty se estaba calentando rápidamente con la idea de la tercera *C* y las implicaciones de seguir adelante con ella.

«El modelo de las cuatro *C's* puede ser más valioso de lo que nunca imaginé», pensó Marty. Se dio cuenta de que el entusiasmo de Dan debe haberle contagiado, ya que sintió una tremenda sensación de emoción al saber sobre la tercera *C.*

Celebraciones

Después de una rápida pausa en la conversación para coger unas botellas de agua, los dos colegas se sentaron en sus lugares habituales uno frente al otro. Marty estaba ansioso por escuchar más sobre la celebración cuando Dan continuó. —Las celebraciones nos unen como seres humanos y nos ayudan a conectar y construir relaciones fuertes. Piensa en ello. Fuera del trabajo, ¿con qué frecuencia celebramos? Tenemos vacaciones, cumpleaños, aniversarios, graduaciones, grandes partidos, bautizos y muchos otros eventos y ocasiones especiales que nos hacen celebrar. Apuesto a que algunos de tus recuerdos más preciados se centran en celebrar algo con alguien. También apuesto a que lo que más esperas son las próximas celebraciones con tu familia y amigos.

Marty pensó en lo que Dan había compartido, y ciertamente pensó que tenía razón. Mientras lo contemplaba más, Marty recordó hace unos meses cuando él y su esposa, April, celebraron su décimo aniversario de bodas. Hicieron un viaje muy agradable a la Costa Oeste para celebrarlo. Fue algo que planearon juntos y que luego esperaron con ansias durante mucho tiempo. Hacer senderismo en los parques nacionales y estatales de Redwood con su novia era algo que no olvidaría pronto. Fue un viaje increíble y una forma divertida de celebrar su aniversario.

Marty decidió que tenía que admitir que Dan definitivamente tenía razón. Celebrar era una parte importante de su vida, y muchos de sus recuerdos más cariñosos se centraban en algún tipo de celebración.

Dan interrumpió los pensamientos de Marty con una pregunta. —¿Por qué no celebrar a menudo en el trabajo?

Marty tuvo tiempo de pensar en ello solo por un momento cuando Dan añadió: —Si las celebraciones están ausentes en nuestro lugar de trabajo, estamos perdiendo una tremenda oportunidad de fortalecer las relaciones entre los miembros de nuestro equipo. Estamos perdiendo la oportunidad de crear recuerdos felices y duraderos en el trabajo. Nos estamos perdiendo eventos que la gente que trabaja para nosotros puede esperar.

—Creo que veo tu punto —respondió Marty. La verdad era que los pensamientos se arremolinaban ahora en su mente. Contempló cómo las celebraciones en el trabajo podían unir a la gente como lo hacían fuera del trabajo—. Puedo decir honestamente que nunca había considerado algo así. Creo que esto puede funcionar —dijo Marty la última parte casi más para sí mismo que para Dan.

Marty hizo una pausa de unos segundos más y preguntó: —¿Podrías darme más ejemplos de cómo has celebrado con tu equipo?

—Pensé que nunca lo preguntarías —dijo Dan con una sonrisa.

—Una de las mejores celebraciones que tuvimos en nuestro centro recientemente fue cuando alcanzamos una gran meta financiera por la que nos habíamos esforzado. No hicimos nada extravagante, pero nos lo pasamos muy bien juntos. Celebramos teniendo una competición de "Un minuto para ganarlo" entre los miembros de nuestro equipo. Probablemente solo duró unos treinta minutos y nos costó unos cuantos rollos de papel higiénico, algunas pelotas de ping-pong, algunos vasos de plástico desechables, algunas galletas y algunas cajas de pañuelos. Oh, y por supuesto buenos bocadillos con ponche verde —Dan dijo esto con un guiño—. Y unos cuantos premios divertidos para los ganadores. Algunos de nosotros lo armamos en poco tiempo, y fue muy divertido. Nuestro equipo sigue hablando de ello.

Marty pensó en lo fácil que Dan lo hizo sonar. Tal vez sea fácil, pensó Marty.

—Y esa celebración es un recuerdo que compartiremos juntos toda la vida —riéndose entre dientes, dijo—: Créeme, nadie olvidará jamás lo ridículo que me veía cuando me tropecé con los pies al ser envuelto en papel higiénico por mi vicepresidente de servicios clínicos y mi vicepresidente de marketing. Estábamos tan cerca de vencer a ese equipo de enfermeras hasta que me caí —Dan chasqueó sus dedos, todavía riéndose—. Este es un ejemplo de lo que estoy hablando. Es un ejemplo de celebración.

A Marty le gustó mucho cómo sonaba. Sin embargo, todavía tenía una preocupación, y sabía que era hora de sacarla a relucir.

La Pregunta de Celebración

—Ahora no quiero bajar el ánimo —dijo Marty, aliviando su preocupación—, pero ¿es posible celebrar y al mismo tiempo hacer todo el trabajo? Me preocupa que la celebración pueda distraer a la gente de la seriedad de nuestro trabajo.

Dan respondió rápidamente a la pregunta como si ya hubiera anticipado qué vendría. —Recuerda, Marty, hay más en la tercera C. La diversión es solo una parte de ella. La celebración ayuda a invitar a la diversión al lugar de trabajo, lo cual es muy importante, pero eso no es todo. La celebración también se trata de medición y reconocimiento. Claro, puedes celebrar solo para celebrar, como en los cumpleaños de la gente o en los aniversarios o vacaciones de trabajo, o incluso solo por diversión, pero si eso es todo lo que haces, simplemente no es suficiente. Necesitas encontrar formas de celebrar más. Necesitas celebrar cuando se alcanzan los objetivos e incluso cuando se progresa.

Marty no estaba seguro de qué pensar. Por un lado, le gustaba la idea de que las celebraciones estuvieran ligadas a los resultados, pero, por otro lado, seguía en conflicto porque Dan hablaba de más celebraciones. «Tal vez no entendió mi pregunta», pensó Marty.

—Marty, los mejores líderes establecen metas, estándares y valores claros para su equipo, y cuando el equipo alcanza esas metas, mantiene los estándares o vive los valores que celebra. Si no lo haces cuando están pasando cosas buenas por aquí, la gente puede empezar a sentir que su trabajo y sus esfuerzos pasan desapercibidos o que no son tan importantes para ti.

Marty se inclinó hacia atrás en su silla ahora, tratando de tomar todo lo que Dan estaba compartiendo.

—Y volviendo a la diversión, si no pueden divertirse y relajarse juntos de vez en cuando, será difícil alcanzar todo su potencial como equipo. La celebración le da a la gente la oportunidad de conectarse y participar de una manera totalmente diferente. Conecta y une a la gente a un nivel completamente nuevo, un nivel que no se podría alcanzar de otra manera. Por estas razones, los buenos líderes ayudan a su gente a celebrar —Dan dijo esto con algo de convicción extra en su voz.

Marty creía que Dan estaba haciendo algunos buenos puntos, pero aún le preocupaba que la gente solo quisiera divertirse y no hacer ningún trabajo de verdad. «¿Qué me estoy perdiendo?», pensó.

—Así que hace unos minutos has planteado unas preguntas muy buenas. Estas son preguntas que casi todos los líderes tienen cuando aprenden esta parte del modelo, y son muy válidas. Antes de que las contestemos completamente juntos, déjeme hacerle una pregunta.

—Claro, adelante —dijo Marty, sintiendo alivio de que aún había más.

—¿Ha habido alguna vez un momento en el que hayas celebrado algo que hayas logrado en el trabajo?

Marty lo pensó por un segundo. —Bueno, un equipo con el que trabajé hace unos años desarrolló una iniciativa de servicio al cliente que llevó a los más altos puntajes de satisfacción del cliente en nuestra compañía. De hecho, según las respuestas que recibimos, nuestros clientes estaban tan satisfechos en el centro donde implementamos el programa que incluso ganamos algún reconocimiento nacional por nuestros puntajes.

—Oh sí, lo recuerdo. ¿Fuiste parte de ese grupo? —Dan sonaba genuinamente emocionado—. ¡Eso fue legendario para nuestra compañía! El programa de servicio al cliente que ayudaste a crear fue realmente notable —añadió con entusiasmo—. Implementamos aquí mucho de lo que hicieron en ese centro cuando nos enteramos de ello. Nos ha ayudado mucho, simplemente brillante.

—Gracias —dijo Marty con orgullo. Estaba emocionado de que Dan no solo conociera el programa, sino que también hubiera implementado algo de él en su centro—. Sandy, la CEO de Wiser Care, como sabes, estaba tan emocionada con nuestro éxito que nos invitó personalmente a cada uno de los que formamos parte de ese equipo a una cena formal en las oficinas corporativas después de horas. No estaba segura de qué esperar. Cuando llegamos, me sorprendió. La oficina corporativa se había transformado en un elegante restaurante. Realmente fue bastante sorprendente. Cada uno de nosotros fue capaz de invitar a un invitado a unirse a nosotros, y sirvieron la mejor comida. También había entretenimiento en vivo, camareros, un baile... —Marty sonrió—. Fue realmente una noche maravillosa con Sandy y su cónyuge en la oficina corporativa. Fue una experiencia especial, una que nunca olvidaré, y de la que mi esposa aún habla. Ella también se lo pasó muy bien allí.

Marty se sentó a pensar en esa noche y añadió: —Desde entonces, durante algunos de mis días más oscuros en Wiser Care, sigo recordando esa noche en particular y cómo Sandy reconoció a nuestro equipo por nuestro duro trabajo y logros. Esos recuerdos siempre me han ofrecido la motivación que he necesitado para seguir trabajando en los tiempos difíciles.

Dan dijo, —Suena como una gran celebración. Estoy celoso de habérmelo perdido.

Marty continuó. —Cada vez que pienso en ese recuerdo, me motiva a querer esforzarme más para desarrollar resultados similares para que tal vez pueda tener otra gran experiencia como esa.

—Gracias por compartir eso conmigo. Y eso suena como algo que Sandy haría. Supongo que se podría decir que sus celebraciones son un poco más sofisticadas que las mías aquí —dijo Dan con una gran sonrisa—. Solo puedo imaginar cómo te hizo sentir esa noche.

Marty estuvo de acuerdo en que él y sus colegas se sintieron muy apreciados esa noche por todo su duro trabajo y sacrificios para completar el proyecto. Ese recuerdo realmente motivó a Marty cada vez que pensaba en la experiencia. De hecho, los que asistieron al evento fueron las personas con las que Marty se sintió más conectado en la organización. Tenían un vínculo especial por esa noche juntos. Y el hecho de que su esposa fuera invitada a disfrutar con él fue la guinda del pastel. Le ayudó a ver el valor que su trabajo estaba creando y el bien que su compañía estaba haciendo. Incluso lo hizo presionarlo un poco más, y ella parecía más comprensiva cuando él estaba envuelto en su trabajo o llegaba a casa más tarde de lo esperado. Y entonces, de repente, se dio cuenta. La tercera *C* había sido invaluable para él personalmente.

—Entonces, ¿crees que esta celebración te afectó negativamente o te alejó del trabajo que necesitabas hacer? ¿Le quitó la seriedad de tu trabajo? —Dan cuestionó.

Volviendo a la epifanía que acababa de experimentar, Marty respondió: —No. En todo caso, hizo justo lo contrario. Me motivó a querer tener resultados similares, o mejores, la próxima vez. Me motivó a ser mejor y a esforzarme más. Me hizo sentir apreciado e importante. Y no puedo pensar en ningún otro momento de mi carrera en el que me haya divertido más en el trabajo que con ese equipo. Hicimos muchas cosas juntos y nos divertimos mucho haciéndolo, y luego lo celebramos.

—Eso es genial —dijo Dan, y Marty pudo notar que estaba un poco sorprendido por su respuesta—. ¿Puedes pensar honestamente en alguna celebración en la que hayas participado en el trabajo que te haya hecho querer trabajar menos o no tomarte el trabajo en serio?

Mientras Marty lo pensaba, sabía que probablemente ya tenía la respuesta. Sin embargo, quería pensarlo. Después de unos momentos, se dio cuenta de que no podía pensar en ninguna. La verdad era que cuanto más lo pensaba, más se daba cuenta de que incluso las pequeñas celebraciones que recordaba le hacían querer esforzarse más y hacerlo mejor. Como la vez que su primer gerente le entregó un paquete de chicles a todos después de un día muy duro. A pesar de la noche, su jefe se había tomado el tiempo no solo para comprar el chicle, sino que cada paquete incluía una nota que decía, "Siempre hay que mantenerse juntos como un equipo, ¡gracias!" Fue un gesto tan pequeño, pero significó algo para Marty.

O el día en que sus compañeros de trabajo lo sorprendieron completamente con un pastel de cumpleaños y globos. No se esperaba eso en absoluto, y se sentía bien saber que les importaba. O incluso la vez que su anterior jefe decidió servir helado en el vestíbulo de su centro de salud porque habían alcanzado una meta, y quería que todos lo supieran. Al equipo le encantó ese simple acto de celebración, y Marty disfrutó de tomar un turno para servirles helado. Al final, cada una de estas celebraciones, ya sea grande o pequeña, trajo buenos sentimientos y recuerdos positivos a Marty. Incluso cuando las celebraciones eran cursis o Marty no las encontraba particularmente interesantes, siempre apreciaba el pensamiento y el reconocimiento. Marty tuvo que admitir que las celebraciones que más recordaba eran exactamente las cosas que lo motivaban a seguir con Wiser Care y a esforzarse un poco más.

—Me atrapaste —dijo Marty—. No puedo pensar en una celebración en el trabajo que haya afectado negativamente mi trabajo o que me haga tomarlo menos en serio.

Dan parecía estar presionando a Marty un poco más ahora, preguntando: —¿Qué habría pasado si tú y tu equipo hubieran recibido estos grandes resultados por su iniciativa de satisfacción del cliente, pero nadie en el trabajo le dijera nada al respecto? ¿Y si no hubiera habido ninguna celebración? ¿Y si Sandy y el resto de la oficina corporativa nunca hubieran dicho una palabra? —Dan se encogió de hombros.
Marty no necesitaba pensar mucho en eso. —Sé que todavía estaría orgulloso de nuestro equipo. Pero puedo decir que no me sentiría tan motivado para hacerlo de nuevo, ni sentiría el mismo nivel de respeto y aprecio que tengo ahora por Sandy —pensó un poco más y añadió—: Probablemente tampoco me sentiría tan valorado como líder de nuestra organización. Incluso me habría preguntado si a la compañía realmente le importaba tanto el éxito de la iniciativa. Y... —Marty hizo una pausa por un momento, pensando antes de decir—: Me habría perdido una experiencia memorable que ahora comparto con muchos de mis colegas en la organización, incluyendo al CEO.

—Bien dicho —respondió Dan mientras se reclinaba en su silla, pareciendo satisfecho.

Marty se sentó pensando por unos momentos y luego dijo: —Parece que la celebración es aún más de lo que he experimentado, sin embargo. Estas celebraciones en las que he pensado no han ocurrido todos los días. De hecho, han sido bastante raras. Pero suena como si dijeras que las celebraciones tienen que ocurrir más a menudo.

Dan sonrió, pero no dijo nada. Marty estaba tratando de decidir lo que podría estar pensando.

Después de estirarse por un minuto, Dan avanzó en su silla y dijo: —Si recuerdas, la celebración es más que solo divertirse. También se trata de la medición. Lo que significa que, si el equipo no obtiene resultados, y si no progresas, entonces las celebraciones probablemente no serán tan grandes como podrían ser. Al menos no estarán en la escala de lo que podrías tener si los alcanzaras.

Eso ciertamente le pareció lógico a Marty. Dan añadió: —Establecer metas con tu equipo y luego medir el progreso hacia ellas te da motivos para celebrar. Te da una especie de marcador. Si no te fijas metas, o si te fijas metas, pero nunca haces un seguimiento de tu progreso hacia ellas, perderás demasiadas oportunidades para celebrar. Establecer metas y luego medirlas consistentemente es muy importante para establecer la tercera *C*.

Marty sintió que poco a poco comprendía todo lo que era la celebración, y realmente lo emocionó. Esperó a ver si Dan continuaba. Como si leyera su mente, Dan continuó.

—Claro, es divertido e importante celebrar los cumpleaños y las fiestas y otras ocasiones especiales, pero lo que realmente añade poder a esta *C* es cuando las celebraciones están ligadas a la actuación. Como la fiesta del 'Minuto para ganar' de la que hablé. No lo celebramos al azar solo para divertirnos, aunque estaría bien hacerlo —dijo Dan con un guiño—, pero lo celebramos para reconocer el logro de un objetivo que habíamos alcanzado como equipo. Y en nuestro centro aquí, cuanto más grandes son los objetivos alcanzados, a menudo más grande es la celebración.

Dan se sentó derecho y añadió: —Como tu noche con Sandy. Fue una gran celebración para reconocer el gran logro de tu equipo. Sé que llevó años desarrollar, probar y luego implementar completamente ese programa. Fue algo muy importante. La celebración que tuviste con Sandy estuvo ligada al logro.

Marty asintió con la cabeza.

—Sin objetivos y sin seguir el progreso hacia ellos, probablemente no celebrarás lo suficiente, y probablemente no reconocerás el progreso que el equipo está haciendo. De hecho, sin claridad y medición en torno a los objetivos, será difícil saber cuándo celebrar.

A Marty le gustaba cómo sonaba eso. Podía ver cómo la claridad y la celebración funcionaban juntas. Tomó su cuaderno de notas y escribió "medida" y "diversión" debajo de donde había escrito la palabra celebración.

—Pero las cosas no siempre saldrán bien, y no siempre habrá grandes y obvias razones para celebrar. Puede que no alcances tus metas, y los resultados pueden ser malos. Como jefe, a veces tienes que ser creativo porque no puedes olvidar esta *C* en los buenos o en los malos tiempos. Como las dos primeras *C's*, debes esforzarte constantemente para establecer esta *C*. Si quieres tener tanto éxito como puedas como líder, buscarás razones para celebrar.

Marty levantó la vista, sintiendo un poco de duda otra vez sobre su comprensión de la tercera *C*.

—Si entiendo bien, parece que las dos primeras *C's*, claridad y consistencia, son cosas que los líderes deben hacer todos los días, aclarando constantemente y siendo consistentes, mientras que la celebración es algo que te preocupa de vez en cuando. Como cuando se alcanza un objetivo.

Dan sonrió. —No exactamente, pero buen intento.

Marty sintió de nuevo como si de alguna manera se hubiera perdido algo.⏎

Celebraciones Diarias

Después de un momento, Dan se inclinó hacia atrás en su silla, cruzó las piernas y relajó las manos, sosteniéndolas en su regazo. Miró a Marty y dijo, —He estado tan emocionado por compartir la celebración contigo que creo que no lo he dejado muy claro.

Marty no pensó que Dan no había sido claro; pensó que era todo lo contrario. Ya había aprendido mucho sobre el valor de la celebración, pero obviamente necesitaba aprender más. Antes de que pudiera decir algo, Dan continuó.

—Al igual que las dos primeras *C's*, la celebración es algo que los grandes líderes se centran y se esfuerzan por establecer todos los días. Claro, no tendrás las grandes celebraciones de las que hablamos todos los días, como tu noche con Sandy o mi fiesta 'Minuto para Ganar'. Pero eso no significa que no debas encontrar formas simples de celebrar a diario. Recuerda, la celebración tiene tres partes. Es una combinación de diversión, medición y reconocimiento. Puedes establecer la celebración como un jefe reconociendo el buen trabajo del personal cada día. Una tarjeta de agradecimiento, un saludo, un comentario de felicitación, e incluso una sonrisa sincera son algunas de las celebraciones más sencillas, pero en realidad pueden ser algunas de las más poderosas. Estos sencillos gestos diarios de celebración comunican a tu equipo que reconoces su buen trabajo y sus esfuerzos. Demuestran que estás entusiasmado con los buenos resultados y el rendimiento, y hacen que el trabajo sea más divertido.

Marty asintió con la cabeza mientras se asimilaba la idea de las celebraciones diarias.

—¿Recuerdas cuando hablé de nuestra reunión matutina diaria?

—Sí —dijo Marty. Recordó cómo había ayudado a Dan a mejorar la comunicación y a establecer claridad.

—Otra razón por la que estoy agradecido de que hayamos empezado hace tantos años es porque me da otra forma fácil de celebrar. Cada día reconozco a alguien delante de sus compañeros por hacer un buen trabajo, y a menudo nos damos un aplauso cuando se dominan las grandes tareas o los retos difíciles. Este es otro ejemplo de una simple celebración diaria.

Marty pensó que finalmente lo estaba consiguiendo ahora.

—También puedes ayudar a los miembros individuales del equipo a celebrar de forma pequeña y ayudarles a medir el impacto que tienen en tu negocio. ¿Te importa si comparto un ejemplo contigo?

—Por supuesto —respondió Marty, curioso por cómo podía ayudar a un miembro del personal a celebrar.

—Hace unos años, nuestra recepcionista, Michelle, que se sienta en el vestíbulo delantero, estaba luchando con sus labores. Contestar los teléfonos por aquí es literalmente un trabajo a tiempo completo, y puede resultar agotador —añadió Dan—. De todos modos, en aquellos días, Michelle siempre parecía ser... —Dan pensó por un momento antes de decir—: Bueno, siempre de mal humor. Estoy seguro de que había muchas razones para esto, pero estaba afectando nuestro servicio al cliente. Incluso me sentía un poco incómodo estando cerca de ella porque siempre parecía infeliz o molesta. Y si me sentía incómodo cerca de ella, imagina cómo se debieron sentir nuestros visitantes.

Marty pensó que probablemente era bastante malo. Si alguien no podía mostrar un mejor comportamiento alrededor de su director general, se estremecía al pensar en cómo podría haberse comportado con los demás.

—Después de pensar en la situación, me di cuenta de que no tenía una buena manera de medir su impacto o contribución a nuestro centro. Así que me senté con ella y le expliqué primero lo importante que era su rol para nuestro centro y para ayudarnos a vivir nuestra misión. Sabía que ella necesitaba escuchar que su trabajo importaba. Intenté conectar lo que ella hacía con lo que tratábamos de lograr cada día. Luego se nos ocurrió un plan para medir su desempeño diario. Decidimos que el buen desempeño de ella podía medirse por el número de sonrisas que recibía de la gente cada día. Después de todo, ella era normalmente la primera persona que la gente veía cuando entraba por nuestra puerta.

Marty estaba intrigado por el rumbo que tomaba la historia de Dan.

—Nos propusimos un objetivo inicial de cincuenta sonrisas en un día. Para ser honesto, pensé que sería difícil para ella alcanzarlo, pero en pocos días, lo consiguió, y lo celebramos juntos con chocar los cinco y un botón de 'Eso fue fácil' para su escritorio. A ella le encantó eso —dijo Dan con una sonrisa—. Entonces nos fijamos una nueva meta, y ella la alcanzó y luego otra y otra. Esto continuó durante casi un año, ya que cada vez que establecía un nuevo récord por el mayor número de sonrisas que recibía en un día, lo celebrábamos con cosas como pequeños premios, certificados, chocar los cinco, elogios, reconocimientos en nuestro día a día, y algunas otras formas divertidas.

»Aunque he dejado de celebrar con ella a diario como lo hacía, sigue llevando la cuenta del número de sonrisas que recibe cada día y a menudo me da un informe. Esto ha sido muy divertido para ambos y la ayuda a mantenerse motivada y concentrada. También le ha ayudado a reconocer el tremendo impacto que tiene en nuestros clientes, tanto por teléfono como en nuestro vestíbulo delantero.

Marty quedó nuevamente impresionado con lo simple y efectivo que eran los métodos de Dan. Dan luego agregó: —Lo mejor de todo es que le encanta trabajar aquí. Antes, podía ver que no era muy feliz en el trabajo.

Marty sacudió su cabeza lentamente, ahora empapándose de todo. La combinación de las tres primeras *C's* parecía haber tenido un impacto asombroso en el equipo. También parecía que, si se aplicaba de manera efectiva, podía hacer imparable a un líder. «Y los elementos del modelo son tan simples, pero los líderes obviamente no les prestan suficiente atención», pensó Marty.

—Oh, y su último récord ahora es de trescientas ochenta y nueve sonrisas en un día.

Marty se sorprendió.

Un Tiempo para Salir

Marty creía que estaba empezando a entender la importancia de la celebración, y podía sentir la energía de Dan hacia ella. Esperaba que Dan compartiera más, y casi como si estuviera en el momento oportuno, Dan empezó a reflexionar sobre lo que había pasado antes en su conversación.

—Sabes, Marty, estoy seguro de que me habría sentido de la manera que describiste si Sandy o su equipo no hubieran hecho nada después de que trabajé tan duro en esa iniciativa de servicio al cliente. Como tú, mi motivación para hacerlo de nuevo probablemente habría sido mucho menor si algo así no hubiera ocurrido —Dan se inclinó hacia adelante y puso sus manos sobre sus rodillas—. De hecho, uno de los jefes más desafiantes para los que he trabajado estaba aquí en esta oficina. Era nuevo en la compañía y me habían convencido de unirme a ella después de que un amigo mío no aceptara un no por respuesta —sonrió—. Antes de eso, trabajé con uno de nuestros competidores más cercanos —Marty sabía que Dan había trabajado en otro lugar antes de unirse a Wiser, pero no tenía detalles. Estaba interesado en saber más.

—Todos mis compañeros de trabajo en mi anterior empleador pensaron que estaba loco cuando decidí irme. Había construido una muy buena reputación allí, y mis compañeros asumieron que estaba en la vía rápida para los ascensos y otras oportunidades —Marty nunca había considerado lo que podría haber pasado si Dan no hubiera elegido unirse a Wiser Care.

Dan estaba tan arraigado y era una parte tan importante de la historia de Wiser Care que era difícil imaginar tal posibilidad.

—La verdad, sin embargo, era que no era tan feliz trabajando para mi antiguo empleador por varias razones. Cuando finalmente cedí ante mi amigo y acepté una entrevista con mi entonces futuro jefe aquí en Wiser Care, me impresionó mucho. Durante la entrevista me habló de sus audaces objetivos de crecimiento de ingresos, calidad de atención, innovación y servicio al cliente. Me explicó que quería que yo fuera una gran parte de todo esto. Estaba tan entusiasmado con la visión que tenía delante de mí que casi le pregunté cuándo podría empezar en medio de nuestra entrevista.

Marty se movió en su silla, todavía interesado en lo que Dan estaba compartiendo, aunque comenzó a preguntarse qué podría tener esta historia que ver con la celebración. En lugar de interrumpir, asintió lentamente para mostrar que estaba escuchando.

—Más tarde, cuando empecé aquí, conocí a un maravilloso compañero de trabajo llamado Paul que había empezado unas semanas antes que yo. Paul y yo congeniamos inmediatamente porque... —Dan dudó por un momento como si tratara de encontrar las palabras adecuadas—. Ambos éramos jóvenes y estábamos hambrientos. Ambos queríamos hacer realidad la visión de nuestro nuevo jefe. Ambos queríamos ser los mejores, y queríamos trabajar para los mejores. Hablábamos de esto a menudo juntos y nos apoyábamos el uno al otro. Nos convertimos en una gran pareja.

Marty pensó en lo que podría ser tener dos Dans en un centro. «Debe haber sido muy agradable para su jefe», pensó para sí mismo.

Dan continuó. —Paul y yo comenzamos a trabajar incansablemente junto con muchos otros en el equipo para no solo lograr, sino también superar las metas mensuales establecidas por nosotros. Para resumir la historia, lo hicimos. Y lo hicimos mucho más rápido de lo que habíamos previsto. Paul y yo estábamos muy entusiasmados, pero nuestra emoción no duró mucho tiempo.

Marty levantó las cejas y Dan continuó. —La razón es que nunca se dijo nada sobre nuestro éxito. Esperamos y esperamos, pero no tuvimos noticias de nadie y nuestro jefe actuó como si no fuera gran cosa. Pronto nos hizo saber que nuestros objetivos mensuales habían cambiado y que necesitábamos estirarnos más y mejorar las cosas aún más. Nuestro jefe actuó como si los objetivos originales que cumplimos fueran insignificantes y no eran la gran cosa, casi haciendo sentir que no alcanzábamos el rendimiento esperado. Sin embargo, si recuerdo bien, acabábamos de lograr resultados que el centro nunca había visto hasta ese momento.

Marty se sorprendió. Por lo que parece, Dan y sus colegas habían hecho cosas muy notables, así que ¿por qué su jefe o incluso alguien más de Wiser Care no le daría más importancia? Se dio cuenta de que empezaba a sentirse frustrado por escuchar la historia de Dan. Pensó que tal vez era en parte porque había llegado a agradarle mucho Dan y sentía que merecía un gran reconocimiento, y tal vez era en parte porque, aunque no tan extremo, había experimentado situaciones similares durante su carrera.

—No diría que esperaba mucho de mi jefe o incluso de cualquier otra persona, pero literalmente nunca se dijo nada. En nuestras mentes creíamos que acabábamos de lograr algo grande.

Dan se sentó como si estuviera recordando ese momento en el tiempo, y luego añadió, —Tal vez como jóvenes profesionales, estábamos inflando demasiado nuestros logros.

Marty seguía sorprendido por la falta de reconocimiento del jefe de Dan.

—De todos modos —continuó Dan—, empecé a preguntarme si nuestro éxito era realmente un éxito por la falta de celebración o reconocimiento. Por mucho que tratara de luchar contra ello, también empecé a preguntarme si había cometido un error al dejar a mi antiguo jefe. Al menos allí la gente reconocía que estaba haciendo un buen trabajo. Me pareció en ese momento que a nadie le importaban mucho mis resultados en Wiser y que no importaba lo que lograra, la barra siempre se colocaba más arriba, fuera de alcance. Empecé a darme cuenta de que nuestros resultados nunca serían reconocidos o vistos como suficientemente buenos. Me preocupaba no poder avanzar en mi carrera, que era mi objetivo. Era un sentimiento realmente malo.

Finalmente, Marty se sintió obligado a hablar. —No puedo creer que tu jefe no te reconociera a ti y a tu equipo por todo lo que habían hecho —dijo con un poco más de frustración de la que quería mostrar.

Afortunadamente, Dan continuó.

—Paul y yo pronto nos desanimamos por la realidad en la que estábamos viviendo. Ambos éramos muy competitivos y queríamos que nos reconocieran. Queríamos avanzar en nuestras carreras, pero si nadie reconocía nuestros esfuerzos, no veíamos un camino que lo hiciera posible en Wiser Care — Dan sonrió un poco, pero bajó la cabeza, agitándola lentamente. Marty podía decir que este incidente, que debió ocurrir hace casi treinta años, aún tenía un poderoso efecto en Dan mientras lo revivía. Marty tenía curiosidad por saber cómo lo había superado.

—Recuerdo que mi entusiasmo por lograr resultados estaba disminuyendo, y esto me molestaba porque siempre creí que era una persona auto motivada y no necesariamente necesitaba el reconocimiento de los demás. Y, a diferencia de ti, en ese momento no había tenido ninguna gran experiencia con la compañía o con el director ejecutivo de Wiser Care para recurrir. Así que decidí dejar la compañía.

La mandíbula de Marty casi se cae al suelo, y frenó las ganas de gritar, *¿Qué?* Ya que internamente, cuando la gente hablaba de Wiser Care, hablaban de Dan Rosier. Era conocido y respetado por literalmente todos los líderes de la organización. Su reputación era legendaria. Nunca Marty había imaginado que Dan había dejado la compañía en algún momento.

—¿Dejaste la compañía? —Marty lo soltó—. ¡No lo sabía!

—Sí —dijo Dan, riéndose incómodamente—. Me fui. Volví a mi anterior empleador y no volví por poco más de tres años. Cuando por fin me convencieron de que volviera, el jefe que tenía en Wiser Care había dejado la empresa. Y para ser honesto, no tuve que ser convencido de volver. De hecho, le supliqué.

Justo cuando no creía que fuera posible, el interés de Marty en aprender más sobre la historia de Dan creció. Nunca imaginó que Dan había hecho algo "malo" en Wiser Care debido a su casi impecable reputación en la empresa, pero había aprendido tantas cosas sorprendentes sobre el trayecto de Dan. Marty se moría por saber más sobre lo que había pasado. En lugar de decir algo tonto, tomó un trago de agua de una botella en la esquina de su escritorio y trató de calmarse antes de hablar.

—Sé que es sorprendente —dijo Dan con una ligera sonrisa—. Dejé la compañía, Marty, pero no pude volver pronto. Déjame decirte por qué.

—Por favor, hazlo —era todo lo que Marty podía decir mientras dejaba su botella de agua y se sentaba en el borde de su silla, listo para escuchar el resto de la historia.

—Ese CEO del que hablabas antes me invitó personalmente a cenar una noche. En ese momento, no estaba exactamente seguro de por qué me había invitado. Solo lo había visto brevemente una vez. Sandy se unió a la compañía como una joven vicepresidente un poco antes de que yo me fuera.

Marty decidió que era hora de mostrar que se había relajado un poco, e hizo un intento de burlarse de Dan. —Eso debe haber sido hace muuucho tiempo —alargó la palabra y abrió bien los ojos.

Dan sonrió. —Confía en mí. Mis rodillas están de acuerdo contigo en que fue hace mucho tiempo —ambos sonrieron por un momento, y luego Dan continuó.

—Cuando llegué a la cena aún preguntándome de qué se trataba esta invitación, me agradeció todo el éxito que Paul y yo habíamos tenido cuando trabajé para Wiser Care anteriormente. Dijo que cuando se unió a la compañía, reconoció rápidamente el increíble crecimiento que estábamos teniendo en nuestro centro de salud, y quería agradecerme personalmente por todo lo que habíamos hecho. Cuando escuché esto, probablemente me vi más sorprendido de lo que tú te veías hace unos minutos —Dan se rio—. Después de más de tres años, todavía guardaba cierto resentimiento por no haber recibido nunca ningún reconocimiento por nuestros esfuerzos, y por lo que yo sabía, nadie se había dado cuenta ni se había preocupado. Sin embargo, aquí estaba esta importante persona de otra compañía invitándome a cenar y agradeciéndome personalmente por los logros que habían ocurrido hace mucho tiempo. Durante esa noche, nunca me dijo nada sobre volver a Wiser Care, pero puedes creerme cuando digo que me quedé despierto toda la noche queriendo volver. De hecho, rogué volver después de esa noche porque todavía no estaba satisfecho con mi anterior empleador. Y Sandy había renovado mi confianza en Wiser Care.

—Vaya —dijo Marty en voz baja, pensando en las implicaciones de no utilizar la tercera C, de no celebrar el éxito—. Puedo ver por qué la celebración es tan importante. Veo cómo, sin ella, aquellos que diriges pueden sentir que no son valorados, apreciados y reconocidos.

—Es verdad —dijo Dan.

Dan parecía estar contemplando algo. —Ahora, sé que esta historia era más sobre nuestra compañía aquí, pero a medida que he ido creciendo y siendo más sabio, me he dado cuenta de que la mayor razón por la que nunca fui muy feliz con mi otro empleador fue por la ausencia de las cuatro C's.

Marty pensó en eso. Estaba sorprendido por el impacto que las cuatro C's podrían tener en alguien tan exitoso y respetado como Dan. Se dio cuenta de que la vida sin ellas haría el trabajo bastante miserable. La historia de Dan también le recordó a Marty de nuevo lo importante que era su nuevo rol y el gran impacto que tendría en la vida de los demás.

Resumen de la Celebración

Dan interrumpió los pensamientos de Marty. —Marty, recuerda, la celebración es más que diversión, medición o reconocimiento en aislamiento. Si ese fuera el caso, entonces una de esas palabras estaría en la cima de la pirámide de allí — Dan señaló la pizarra—. "Celebración" es la palabra adecuada para el modelo porque es una palabra que incorpora e incluye las tres cosas. Sin algún elemento de diversión, medición o reconocimiento, te pierdes la marca con la celebración. Y la celebración es más poderosa cuando se enfatizan los resultados. Las celebraciones en el trabajo, al igual que en la vida, ayudan a crear recuerdos positivos y duraderos.

Marty se grabó todo esto. Sentía que ahora tenía una buena idea de lo que era la celebración y cómo encajaba en el modelo. Parecía apropiado que fuera la cima de la pirámide. «La guinda del pastel», pensó.

Marty estaba tan emocionado con las tres primeras *C's*, que sintió que apenas podía esperar a la última. Más que nunca, estuvo tentado de pedirle a Dan que se quedara más tiempo y lo persuadiera para que compartiera la última *C*. Antes de que reuniera el valor para pedirlo, Dan dijo: —Recuerda, tener celebraciones juntas construye relaciones más fuertes. Ayudan a fomentar el trabajo en equipo y la confianza. La coherencia con las celebraciones puede crear un ambiente increíble en el que las experiencias memorables unen a las personas y las hacen sentirse comprometidas con los demás. Piensa en cómo tu noche con Sandy hizo eso por ti y por tus compañeros de trabajo.

Dan tenía razón. Marty también sentía un poco de pena por haber dudado de la tercera *C*, aunque solo fuera por un breve momento. Basándose en todo lo que Dan había compartido con él, Marty vio el poderoso impacto que la celebración podría tener en su equipo.

Dan dijo: —También recuerda que la celebración, al igual que las otras *C's* del modelo, es algo que debes esforzarte por establecer todos los días. Debes encontrar formas sencillas de celebrar con los miembros de tu equipo diariamente. De hecho, la clave de la celebración es la frecuencia.

Dan parecía relajarse ahora, como si pudiera haber terminado. Marty miró la pizarra donde Dan había escrito el modelo, y en un instante, algo le impactó.

—Espera, la pirámide está completa —dijo, sintiéndose preocupado. Miró hacia atrás a la pizarra para verificarlo—. Creí que habías dicho que había cuatro *C's*, pero no hay más espacio en la pirámide.

—Ah, buena observación —dijo Dan con una sonrisa, como si se alegrara de que Marty lo haya mencionado—. No te preocupes, Marty. Hay una cuarta *C*, pero no es parte de la pirámide. Desempeña un rol diferente en el modelo que los otros. En cierto modo, es la más influyente de todas las *C's*. Explicaré más adelante cómo funciona la cuarta *C*.

Marty trató de ocultar su decepción. Él realmente quería aprender más ahora. Tener que esperar cada día por la siguiente *C* era tortuoso. Al final, decidió que tenía que ser paciente. No quería que Dan se apresurara a pasar por la próxima *C*, y ciertamente no quería que no volviera mañana.

Marty sabía que, aunque estaba ansioso por aprender más, sería mejor esperar.

—Te gusta mantenerme en suspenso, ¿verdad? —Marty preguntó con una sonrisa maliciosa.

Dan también sonrió. —La cuarta *C* es realmente importante y merece toda nuestra atención. Te permitiré pensar sobre la celebración en toda la tarde y noche, y luego comenzaremos de nuevo a primera hora de la mañana con la cuarta *C* para el éxito del liderazgo —Marty pudo decir que Dan pudo detectar lo que estaba pensando y sonrió para sí mismo.

—Suena como un gran plan —dijo Marty tranquilizadoramente.

Los dos líderes se dieron la mano antes de que Dan saliera por la puerta de la oficina.

***

El resto del miércoles resultó ser tan ocupado e intenso como los últimos dos días. Marty se preguntaba si no se detendría en cuanto volviera a casa tarde esa noche. Estaba acostumbrado a los largos días y a todas las demandas que tenía un centro de salud, pero ahora, como director general, la carga pesada parecía ser mucho mayor. A pesar de lo ocupado que estaba el día, Marty pensó en cómo podría celebrar con su equipo. Aunque siempre se había esforzado por reconocer a su personal y mostrarles aprecio, sabía que la celebración era más que lo que había hecho en el pasado.

Mientras estos pensamientos se agitaban en su cabeza, Marty decidió que necesitaba detenerse y sorprender a su esposa con una pequeña celebración propia. Después de todo, ella había soportado estas largas horas durante mucho tiempo, y era probable que solo empeorara antes de mejorar. A la esposa de Marty le encantaba la tarta de chocolate, y cuando él entró por la puerta sosteniéndola con algunas flores en su otra mano, ella gritó. Marty disfrutó su noche hablando de las tres C's y celebrando con su esposa.

Cuarta Parte

Caridad

El Multiplicador

Mientras Marty conducía por la interestatal rumbo al trabajo el jueves por la mañana, su cabeza estaba llena de pensamientos e ideas sobre las tres *C's* que había aprendido hasta ahora. Aunque estaba emocionado por lo que había aprendido, también reconoció que se estaba poniendo más nervioso por seguir los pasos de alguien que parecía tan competente en su aplicación. En todo caso, Marty decidió que esto lo animaría a comprometerse aún más con ellas. Marty sabía que este tipo de desafío sería bueno para él. También se dio cuenta de que su exitoso equipo se decepcionaría si su nuevo líder no se esforzaba en implementar las *C's*. Estaba seguro de que se habían acostumbrado a trabajar para un líder que vivía por ellos. También estaba seguro de que le ayudaría con gusto si se lo pedía. Y esto era algo que planeaba hacer pronto, pero por ahora, quería esperar hasta que conociera el modelo completo.

Mientras caminaba, pasó por el escritorio vacío de Kate y por la puerta de su oficina, y Marty reconoció que su entusiasmo por el cuarto día era un poco menor que el de los días anteriores. En parte era porque estaba cansado. Sin embargo, una parte más grande fue que, aunque quería aprender la cuarta *C's*, también reflexionó sobre el hecho de que esta era probablemente su última oportunidad de pasar tiempo de calidad con Dan. Este pensamiento le dio un sentimiento de tristeza y decepción. Realmente deseaba poder continuar sus conversaciones matutinas con Dan un poco más de tiempo, incluso si lo estaban retrasando en el trabajo.

Cuando colocó su maletín en el gran escritorio y abrió su persiana para dejar entrar la luz del sol de la mañana, el pensamiento de que este no solo era su último día con Dan, sino también probablemente el último día de Dan para pasar un tiempo significativo ayudando a Wiser Care, no le sentó bien. Se preguntaba si no había nada más que la compañía pudiera hacer para mantener a Dan un poco más de tiempo, incluso a tiempo parcial. Dan fue una parte integral del éxito de Wiser Care a lo largo de los años, después de todo, había dirigido el centro superior durante dos décadas. En ese momento Marty decidió que le haría saber a Sandy todo lo que Dan le había enseñado. Quería sugerirle a la compañía que hiciera más para ver si Dan se quedaría para enseñárselo a todos los directores generales. Después de todo, Dan es más joven que la mayoría de la gente que se retira; «al menos eso parece», pensó Marty. Marty también se preguntaba si Sandy conocía el modelo de las cuatro *C's* y si estaría abierta a tratar de aplicarlo más plenamente en toda la organización. Conociendo a Sandy, Marty estaba seguro de que lo haría una vez que se enterara.

Mientras Marty encendía su portátil y se sentaba a contemplar esto tranquilamente en su oficina, Dan abrió la puerta, no tan animado como el día anterior pero aún con una gran sonrisa en su rostro y el mismo nivel de energía que siempre parecía desafiar a su edad. Prácticamente se dirigió al escritorio y extendió su mano. Marty se puso de pie, sonrió y la estrechó. —Bueno —dijo Dan, aún sonriendo—, ¿tuviste la oportunidad de celebrar anoche, sabiendo que este será uno de tus últimos días conmigo?

—Justo lo contrario —dijo Marty con énfasis. Aunque Marty había celebrado anoche con su esposa, no era porque su tiempo con Dan estuviera llegando a su fin. Deseaba que Dan considerara quedarse para ayudarlo a él y al resto de la compañía a implementar las cuatro C's.

Marty también había compartido con su esposa anoche lo que estaba aprendiendo, y ella estaba impresionada con lo simple y poderoso que parecía el modelo. Ella también tenía curiosidad por saber cuál sería la cuarta C's y cómo encajaría en el modelo. Marty dijo, —Desearía que no fuera nuestro último día juntos; realmente he aprendido mucho y siento que puedo quedarme corto en la ejecución de las cuatro C's. Siento que todavía podría usar tu ayuda.

Dan miró a Marty seriamente y dijo: —Aunque no seas perfecto en ellos de inmediato, la cuarta C puede conseguirte mucha libertad de acción y perdón de tu equipo mientras luchas por proporcionar claridad, ser más consistente y recordar celebrar. La cuarta C tiene lo que me gusta llamar un efecto multiplicador en las otras tres C's, lo que significa que cuando esta cuarta C existe, incluso pequeñas mejoras en la claridad, la consistencia y la celebración pueden llegar muy lejos. Con la cuarta C presente, tu equipo reconocerá los esfuerzos que estás tratando de hacer con las otras tres C's. Te darán crédito, por así decirlo, por esos esfuerzos. ¿Puedo? —Dan señaló la pizarra. Marty estaba intrigado y sintió una oleada de energía pasar a través de él—. Por supuesto —dijo Marty, levantando su mano hacia la tabla—. Es toda tuya.

Dan dibujó un gran círculo alrededor de la pirámide, y luego escribió la palabra caridad. Se apartó de la pizarra como si la admirara, y luego la señaló. —Esta es la cuarta C.

Así es como se veía:

La Cuarta *C*

Mirando en la pizarra lo que Dan acababa de escribir, Marty estaba una vez más confundido. «¿Qué significa eso?» se preguntó. Primero pensó en organizaciones caritativas y luego en contribuciones caritativas. Esto le llevó a pensar en las donaciones gratuitas y en la Cruz Roja Americana y el Ejército de Salvación. Nada de esto parecía encajar. ¿Qué tiene que ver la caridad con las otras tres *C's*, y cómo me ayudará a ser un buen jefe? Aunque estaba confundido, Marty sabía que siempre había más.

—La caridad es la última *C* en el modelo de las cuatro *C's* para el éxito del liderazgo. La caridad se trata de cómo se siente el personal en el trabajo, si se sienten aceptados, conocidos y respetados —explicó Dan—. Se trata de si se sienten valorados como una persona en lugar de un objeto prescindible. Aunque esta *C* es la más sensible de todas, es muy importante.

Marty se sorprendió por esto. Como diversión, asegurarse de que la gente se sienta valorada no fue siempre algo de lo que se habló abiertamente en el mundo de los negocios. Como Dan había mencionado, él creía que era demasiado sentimental y muy subjetivo. La mayoría de las personas con mentalidad de negocios con las que Marty había trabajado buscaban cifras, hechos y datos concretos para ayudarles a tener éxito. La caridad ciertamente no sonaba así en absoluto. Y aunque intelectualmente Marty sabía que la gente necesitaba sentirse valorada, aún no estaba seguro de cómo se veía eso en el trabajo. —Me gustaría aprender más —dijo, enfatizando la palabra "cuidado" y reviviendo la broma cursi que había hecho el primer día que se conocieron.

Dan sonrió y preguntó: —De todos los jefes que has tenido, ¿cuál dirías que se preocupa más por ti?

Marty no dudó mucho tiempo en esto. —Julie, seguro. Julie fue mi jefa por poco más de dos años antes de aceptar este puesto aquí.

—Eso fue rápido —dijo Dan, sonando sorprendido de que Marty fuera capaz de responder tan rápidamente—. ¿Y por qué dices Julie? ¿Qué te hizo sentir que ella se preocupaba más por ti que por los demás con los que has trabajado?

—Siempre me apoyó mucho. Me di cuenta de que estaba realmente interesada en mí y en mi éxito —mientras Marty lo pensaba más, sentía que Julie se preocupaba por él, y eso realmente le importaba.

Levantó la vista, y pudo ver que Dan no estaba completamente satisfecho con su respuesta y quería más. —¿Cómo te apoyó y cómo supiste que estaba realmente interesada en tu éxito?

Marty lo pensó durante unos segundos más. —No lo sé exactamente. Siempre parecía interesada en mí y sabía cómo iban mis proyectos. Siempre parecía tener tiempo para mí. Ella era genuina.

—¿Sabía Julie algo de ti fuera del trabajo? —Dan preguntó como si aún estuviera tratando de que Marty lo pensara bien y se abriera más.

—Oh sí, seguro —dijo Marty—. Preguntaba con frecuencia cómo le iba a mi esposa, April. Siempre tenía curiosidad por saber si se sentía bien durante el embarazo y siempre preguntaba por mi hija después de nacer. Parecía muy interesada en mi familia porque siempre me preguntaba cómo les iba y en qué andaban.

Marty se detuvo y se encogió de hombros, y luego añadió: —Sabía que eran una parte importante de mi vida. De hecho, la mayoría de mis interacciones con Julie comenzaron con una actualización de mi familia antes de que habláramos de negocios.

Dan asintió como si estuviera aprobando lo que Marty estaba compartiendo. —Eso es genial. Y se parece mucho a Julie. La he conocido a lo largo de los años y la admiro mucho como colega en nuestra organización.

Aunque no debería haber sido muy sorprendente, Marty no se dio cuenta de que Dan conocía a Julie. Ella había sido parte de la organización durante unos seis años, pero no era "hogareña" como Marty y muchos de los CEOs de la organización. Tampoco era una de las líderes de larga data en la compañía como Dan.

Marty decidió compartir más. —Otra cosa que me gustó de Julie fue que incluso se interesó por mis intereses personales. Ella sabía muy poco sobre el golf, por ejemplo, pero sabía que yo trataba de jugar la mayoría de los fines de semana. Los lunes siempre me preguntaba cómo me iba, si era un buen día y si había jugado bien. Quería saber cuál era mi puntuación y me preguntó por qué no estaba mejorando —Marty sonrió ante ese pensamiento y añadió—: Siempre fue así con casi todos los que trabajaron bajo su mando.

—¿Y cómo te hizo sentir eso?

—Bueno, ciertamente me sentí preocupado, si eso es lo que quieres decir —respondió Marty.

Dan añadió rápidamente: —¿Qué impacto, si es que lo hubo, tuvo en tu desempeño en el trabajo?

—Oh, haría cualquier cosa por Julie hasta el día de hoy. De hecho, si ella me llamara ahora mismo y necesitara algo, tendría que disculparme y ayudarla. Ella es esa clase de persona, y tengo mucho respeto por ella. Sé que ella haría lo mismo por mí —lentamente se dio cuenta de lo que estaba diciendo. Marty se dio cuenta de que probablemente no reaccionaría igual ante una petición de la mayoría de sus jefes anteriores. Claro, si llamaban y necesitaban ayuda, eventualmente lo haría, pero no se entusiasmaría y probablemente lo haría a regañadientes. Pero con Julie, él saltaría por encima de todo. Marty se dio cuenta de que ya estaba empezando a creer en la importancia de la cuarta *C*.

—Parece que Julie es un excelente ejemplo de lo que es la caridad —dijo Dan mientras se reclinaba en su silla, interrumpiendo los pensamientos de Marty.

Marty no tuvo que pensar en eso por más de un segundo para darse cuenta de que Dan probablemente tenía razón.

—Así que la caridad —dijo Dan—, es asegurarse de que ayudas a tu gente a saber que te preocupas por ellos como personas. Para establecer esta *C* dentro de tu equipo, debes conocer a tu gente más profundamente que solo en un nivel superficial. Debes esforzarte por conocer sus historias, lo que les hace funcionar, los intereses que tienen fuera del trabajo, y lo que más les importa. Y una vez que sepas esto, puedes fortalecer aún más la caridad entre los que diriges respondiéndoles de una manera que demuestre que sabes estas cosas sobre ellos.

Marty volvió a entender que esto parecía correcto en la superficie, pero quería aprender más. Como si volviera a leer su mente, Dan continuó.

—Hay muchas más formas de demostrar que tienes caridad hacia los que diriges, Marty. Cada uno de nosotros tiene su propia manera de hacer esto. Ciertamente no hay un enfoque único para todo esto. O a cualquiera de los elementos del modelo para el caso.

Marty se había preguntado sobre eso.

—Al final del día, la caridad es todo lo que hay en tu corazón. ¿Realmente te importa tu gente? No puedes fingirlo. La gente sabe si realmente te importa o no.

Marty pensó en ese comentario mientras Dan hacía una pausa por un momento. Concluyó que Dan tenía razón. Cuando la gente fingía estar preocupada por ti, normalmente sabías que no era sincero.

—Ahora bien, esto no siempre es fácil —Dan miró directamente a Marty—. Pero no puedes ser un jefe realmente increíble y tener una cultura increíble dentro de tu equipo sin establecer esta cuarta C. La gente debe sentirse cuidada y respetada. Deben sentir un nivel de compasión y amabilidad. Deben sentirse como seres humanos valiosos en el trabajo.

Los pensamientos de Marty volvieron a Julie de nuevo. Pensó en lo que podría aprender de ella ya que parecía que había ayudado a todos en su equipo a sentirse cuidados. Marty se dio cuenta de que, en muchos sentidos, Julie le parecía más que una jefa. Era una mentora e incluso una amiga.

Dan interrumpió los pensamientos de Marty otra vez. —Como dije antes, una de las formas más importantes de crear sentimientos de caridad es encontrar maneras de conocer a tu gente y lo que está pasando en sus vidas. Este es el mejor lugar para empezar.

Marty estaba pensando en formas de hacerlo cuando Dan se fuera. —A medida que empieces a conocer a tu equipo, les ayudará a sentirse queridos; les ayudará a sentirse conocidos. Les ayudará a sentir caridad.

»Aún más importante que esto, sin embargo... —Dan hizo una pausa como para añadir efecto a lo que estaba a punto de decir—. Conocer a tu gente te cambiará. Como su líder, creará en ti un mayor deseo de tener caridad hacia aquellos que diriges. Cuando sabes más sobre ellos, es más fácil verlos como personas.

Dan se detuvo de nuevo, y Marty pudo ver que quería que todo esto se asimilara. Marty pensó en cómo mostrar caridad no solo podía ayudar a los demás a sentirse queridos, sino que también lo animaba a tener más.

—Aunque no me creas en este momento —dijo Dan con una gran sonrisa—, no soy un gran filósofo. Pero creo que la razón por la que esto sucede es que cuando aprendes sobre la vida de las personas, lo que disfrutan haciendo, lo que les preocupa, y cuáles son sus alegrías y luchas en la vida, les hace ser como tú. Reconoces que tienen aspiraciones, preocupaciones, deseos, gustos y disgustos, como tú. Los humaniza más, lo cual creo que es importante para los líderes. Es fácil para nosotros sentarnos en esta oficina alejados de nuestra gente y solo verlos como números en lugar de seres humanos reales.

Dan se detuvo de nuevo como si estuviera pensando. Marty consideró lo que Dan estaba diciendo. Parecía sensato creer que cuanto más se conocía a la gente, en general, más se preocupaba por ella.

Marty recordó entonces a un colega que tuvo cuando empezó en Wiser Care. Aunque un poco mayor que Marty, se habían llevado bien casi al instante, y al poco tiempo estaban jugando al golf juntos y pasando tiempo fuera del trabajo juntos. A pesar de que sus carreras los habían llevado en diferentes direcciones, se mantuvieron en contacto y trataron de ponerse al día cuando tuvieron la oportunidad. Como Julie,

Marty había considerado a esta persona como un amigo antes de que empezaran a jugar al golf juntos. Pensó en cómo estaba más y más interesado en su éxito a medida que lo conocía mejor, y estaba seguro de que su colega probablemente sentía lo mismo por él.

Dan volvió a interrumpir los pensamientos de Marty. —¿Puedo decirte algo más sobre Sandy? —se inclinó hacia adelante en su silla.

—Por supuesto —respondió Marty, interesado en saber más sobre Sandy, una líder al que había llegado a respetar mucho.

—Ya mencioné cómo ella celebró o reconoció mis esfuerzos hace tiempo y cómo ese acto de bondad me dio un enorme deseo de volver a Wiser Care, aunque nunca lo mencionó.

Marty asintió, reconociendo que recordaba.

—Bueno, hay más que me gustaría compartir sobre cómo Sandy me ha impresionado a lo largo de los años y me ha enseñado mucho sobre la caridad y sobre ser un gran líder y jefe.

Marty estaba interesado y miró a Dan para animarle a continuar, pero notó que Dan parecía un poco indeciso. Marty no estaba seguro de por qué y estaba a punto de decir algo cuando Dan dijo: —Quiero que sepas que no he compartido esto con mucha gente —Marty notó que dudaba de nuevo—. Mi hijo menor tuvo serias complicaciones médicas cuando era más joven, lo que me mantuvo alejado del trabajo por un tiempo.

Marty se inclinó hacia adelante en su asiento. Se había interesado tanto en las historias personales de Dan y tenía curiosidad por saber a dónde llevaría ésta.

—Aunque traté de mantenerlo lo más callado posible, de alguna manera debe haber corrido la voz sobre mi hijo, que fue admitido en la UCI pediátrica en el Hospital Infantil. De alguna manera, esta noticia llegó a Sandy. Y después de unos días en el hospital, mi esposa y yo recibimos una muy apreciada canasta de cuidados llena de comida que no era de hospital, pero muy necesaria —Dan dijo esto con una gran sonrisa y una risa—. Mi hijo devoró esas cosas.

Luego continuó. —Junto con la cesta había una nota sincera de Sandy. No solo me sorprendió que supiera de nuestra situación, sino que también me sorprendió que se tomara el tiempo de averiguar dónde estábamos y nos enviara una nota y una cesta tan bonita. Para mí, esto demostraba que se preocupaba por mí y mi familia y que nos conocía. Yo no era solo otro líder en esta creciente organización. Era alguien que Sandy conocía y le importaba.

—Como puedes imaginar, definitivamente sentí mucha caridad de Sandy hacia mí y mi familia ese día. Fue un gesto muy amable.

Marty quedó impresionado con este simple acto de bondad y asintió lentamente para mostrar que entendía que era un buen ejemplo de caridad.

Dan continuó. —Ahora, hay aún más en esta historia porque Sandy no se detuvo ahí —Marty levantó las cejas, ya impresionado por lo que Sandy había hecho, considerando los miles de empleados de los que tenía que preocuparse en toda la organización.

—Unas semanas después, recibí una llamada telefónica de ella. Estaba con mi hijo cuando llamó, así que no contesté ni respondí de inmediato. Había sido un día particularmente duro para nosotros. Y aunque me sorprendió ver que había llamado, supuse que debía estar llamando por algo importante en el trabajo. Como mencioné, no había sido un buen día, y honestamente, el trabajo estaba lejos de mis pensamientos en ese momento.

»Más tarde esa noche encontré la fuerza para coger el teléfono y escuchar el mensaje de voz que ella había dejado. Estaba seguro de que me llevaría a más llamadas telefónicas y a tener que lidiar con algo en el trabajo. De nuevo, estos eran los pensamientos que pasaban por mi cabeza.

Tomando un respiro, añadió, —No podría estar más equivocado. En lugar de llamar por el trabajo, Sandy había dejado un mensaje de voz diciendo que pensaba en mí, en mi hijo y en mi familia. Llamó para compartir que esperaba lo mejor. Dijo que el único propósito de su llamada era para ver cómo estábamos y hacernos saber que estaba pensando en nosotros.

Marty se recostó en su silla, bastante impresionado por lo que Dan estaba compartiendo.

—Como puedes adivinar, me sentí aliviado al escuchar el mensaje de Sandy sobre el cuidado y la preocupación en vez de sobre las necesidades del trabajo. Y para ser honesto, aunque el trabajo había estado lejos de mi mente durante estas pocas semanas con mi hijo, después del mensaje de Sandy, sentí el deseo de volver y hacer todo lo posible para tener éxito en Wiser Care.

Marty estaba impresionado. La historia de Dan realmente comenzó a solidificar en su mente todo lo que creía que era cierto sobre el CEO de su compañía.

—No me malinterpretes —continuó Dan, sacudiendo un poco la cabeza—. No digo que todos tengan la misma reacción o sentimientos que yo tuve en ese momento. La caridad no se trata en absoluto de hacer cosas para que la gente se concentre en el trabajo. De hecho, llamar a un colega con un niño enfermo en el hospital con la esperanza de que le haga querer volver al trabajo antes es una mala idea. Recuerda, la caridad no funciona de esa manera. No puedes fingirlo. Si tu intención es conseguir que la gente haga algo mostrando amabilidad, no funcionará muy bien a largo plazo. Debes demostrar fielmente la amabilidad. Podía sentir que Sandy estaba sinceramente apoyando a mi hijo y a mí.

Marty estaba de nuevo impresionado. Aunque la compañía había sido más pequeña en ese entonces, Sandy debía ser una persona muy ocupada, con la responsabilidad de muchos empleados que trabajaban en Wiser Care. Hacer eso para Dan parecía más allá de lo que cualquiera podría esperar de un líder corporativo ocupado. Luego, Marty reflexionó sobre cómo Sandy había tratado a su equipo después del éxito de la iniciativa de servicio al cliente. La mayoría del equipo de Marty era joven y podría haber sido visto como líderes bastante insignificantes en la organización en ese momento. Sandy podría haber ignorado fácilmente los resultados o simplemente haber asignado a alguien más para que reconociera al equipo. En ese momento, Marty se dio cuenta de que sentía que Sandy se preocupaba por él y su familia después de esa noche. Y como Dan, se alejó de esa interacción con Sandy queriendo hacer más para no decepcionarla a ella o a la compañía. Marty se dio cuenta de que esa noche Sandy había exhibido no solo la celebración sino también la caridad, ya que parecía genuinamente interesada en conocer a todos los asistentes. Marty sintió que estaba entendiendo cómo la cuarta *C* afectaba a la gente en el trabajo y por qué era importante para un liderazgo exitoso.

Explorando Más

—Ahora, basado en lo que me has dicho sobre Julie, suena como si te sintieras conocido, respetado y valorado; ¿es eso correcto? —Dan preguntó, cambiando de tema y volviendo a Julie—. ¿Sentiste que Julie te veía como una persona con necesidades, intereses, preocupaciones, fortalezas y debilidades? Sentiste que ella te veía, en cierto modo, como un igual; ¿es eso correcto?

Marty pensó en lo que Dan estaba sugiriendo y dijo: —Sí, es cierto. Nunca actuó como si fuera mejor que yo o trató de menospreciarme. Creo que esa es una gran razón por la que todo el mundo la respetaba. Y ella siempre parecía ser alentadora para todos nosotros.

—¿Alguna vez fue a por ti? ¿Como cuando lo estropeaste? —Dan preguntó, mirando seriamente a Marty—. ¿Hubo algún momento en el que no merecieras mucha caridad?

—¿Yo, meter la pata? —Marty dijo, poniendo los ojos en blanco como si lo que Dan acabara de sugerir fuera algo completamente ridículo.

Dan se rio y dijo sarcásticamente, —Sé que lo que pido puede parecer bastante exagerado para alguien tan talentoso y humilde como tú.

La sonrisa de Marty se fue, y su boca se abrió en incredulidad por lo que Dan había dicho en broma. —Esto viene del mismo Sr. Perfecto —bromeó Marty. Ambos caballeros se rieron por un momento. Marty dijo entonces: —Se me ocurre *una* vez en la que tal vez metí la pata —exageró la palabra *una* mientras levantaba el dedo índice.

Dan, más serio ahora, dijo, —Cuéntame sobre eso. ¿Qué pasó?

Marty se sintió vacilar. Típicamente, se mantenía vigilante y no compartía historias sobre sus errores, pero luego se relajaba. Como Julie, sintió el sincero interés de Dan en él como líder. Podía sentir que Dan realmente quería que tuviera éxito, así que se metió de lleno.

—Un día, Julie me dejó muy claro que quería que me asegurara de que nuestro equipo de mantenimiento reemplazara todos los brazos de la silla de ruedas de nuestro centro que tuvieran el más mínimo desgarro. Me dijo que era una prioridad y que los examinadores de salud habían estado muy pendientes en otros centros de atención médica de los brazos de las sillas de ruedas debido al riesgo potencial de propagación de infecciones. Ella tenía claro lo que quería —dijo Marty, ahora se abrió completamente.

—Bueno, cuando fui a buscar al director de mantenimiento, estaba en medio de una inspección rutinaria de aire acondicionado. Dijo que terminaría en una hora, así que le dije que volvería para charlar con él sobre algo importante que necesitaba ser atendido lo antes posible. Tenía toda la intención de volver con él, pero estaba tan ocupado con otras cosas que me olvidé por completo de ello.

Marty se dio cuenta de que Dan lo miraba como si estuviera escuchando de verdad y quería oír lo que pasó después. Se rio para sí mismo, pensando que así debía ser como se veía normalmente mientras Dan compartía sus historias personales de errores pasados. Marty continuó.

—Al final del día, mientras salía por la puerta, me encontré con Julie, y me preguntó si todos los brazos de la silla de ruedas del centro habían sido reemplazados. Me quedé completamente paralizado. Normalmente, estoy muy al tanto de las cosas, y soy muy bueno recordando cosas importantes, pero en el caos del día, de alguna manera lo había olvidado completamente. Me sentí instantáneamente de dos pulgadas de altura.

Marty notó que Dan se inclinaba hacia adelante y pensó que debía estar disfrutando de la historia. Dijo: —Todo lo que pude hacer fue confesar y contarle lo que pasó. Estaba tan avergonzado y molesto conmigo mismo por haber cometido este error, y pude ver que ella tampoco estaba muy feliz.

»Ella me hizo saber que iba en serio con lo de hacerlo hoy y estaba decepcionada de que no me hubiera ocupado de ello como ella había pedido. Luego me hizo llamar al departamento de mantenimiento para ver quién seguía ayudando con el proyecto, diciendo que debía hacerse de inmediato para el cuidado y bienestar de nuestros pacientes y personal. No hace falta decir que ella y yo nos quedamos hasta muy tarde esa noche con algunos del equipo de mantenimiento, y nos ocupamos de ello. Julie nunca gritó, dijo cosas desagradables, o incluso puso los ojos en blanco cuando lo estropeamos, pero siempre supimos cuando la habíamos decepcionado. Todavía odio pensar en ese día porque sabía que la había decepcionado.

Dan levantó las cejas, pareciendo impresionado.

Marty añadió: —Por supuesto, más tarde esa semana durante nuestra reunión individual, compartió conmigo cómo lo que había pasado ese día era inaceptable. Dejó claro que tenía que tener líderes con los que pudiera contar. Se aseguró de que yo supiera que no debía cometer el mismo error otra vez —Marty sacudió la cabeza y se detuvo un momento, reflexionando. Mirando hacia abajo añadió—: También expresó cómo sabía que yo tenía un potencial increíble y que quería verme triunfar. Señaló que sabía que mi desempeño de ese día no era característico del tipo de líder que yo era e incluso me agradeció por todas las buenas contribuciones que estaba haciendo al equipo.

Los dos colegas se sentaron en silencio por un momento, luego Dan, sonando sincero, dijo, —Gracias por compartir eso. Julie es un gran ejemplo de este cuarto *C*, y déjame decirte por qué —de nuevo, Dan hizo una breve pausa como si quisiera asegurarse de que Marty estaba escuchando—. Porque te hizo responsable de una manera amable.

Marty estaba un poco confundido sobre lo que eso significaba, pero esperó a ver si Dan continuaba.

Por supuesto, Dan continuó. —Muy a menudo, los líderes confunden de qué se trata esta cuarta *C*. Aunque tiene que ver con la amabilidad, la preocupación por los demás y el respeto, no se trata de ignorar los problemas o no abordar las cuestiones. Puedes tomar cualquier acción de una manera amable y respetuosa. Esto incluye responsabilizar a alguien o disciplinarlo o incluso despedirlo. La caridad se trata de preocuparse tanto por la gente que harás lo que sea necesario para ayudarles a tener éxito. No se trata de evitar la confrontación o no abordar el mal desempeño. Es justo lo contrario.

Marty se preguntaba si la caridad era todo "Cumbayá" y trataba de ser "amable" todo el tiempo. Se preguntaba cómo aplicarlo cuando había problemas reales y cuando se necesitaban conversaciones difíciles. Se sentía aliviado al saber que la caridad no se trataba de evitar estas cosas.

—Si te preocupas por alguien, querrás que progrese y que le vaya bien. Incluso si eso significa que no van a apreciar tu honesta reacción en el momento. La caridad consiste en preocuparse tanto por los que diriges que harás lo que sea necesario para ayudarlos, incluso si eso significa compartir con ellos comentarios negativos, dejarlos ir de un trabajo en el que no tienen éxito o insistir en que se queden hasta tarde para completar una tarea perdida. Es decirles dónde deben mejorar, incluso cuando sabes que se molestarán contigo.

Dan volvió a hacer una pausa, y Marty se dio cuenta de que quería que eso se asimilara. Sabía lo difícil que era abordar los problemas cuando sabías cómo podría reaccionar la otra persona. A veces era más fácil dejar las cosas de lado, esperando que mejoraran por sí solas. Sin embargo, esto rara vez funcionaba. Marty podía ver cómo el ignorar los problemas no era realmente tan amable con la persona.

—Podemos tomar cualquier acción con nuestra gente con o sin caridad. El modelo de las cuatro *C's* para un liderazgo exitoso nos recuerda que siempre es mejor hacerlo con caridad.

Marty reflexionó sobre eso. Pensó que lo había entendido, y pudo ver a Dan esperando. Marty preguntó: —Creo que lo entiendo, pero ¿puedes darme un ejemplo?

—Sí, absolutamente —Dan parecía estar pensando por un momento—. Hace muchos años, cuando era un joven supervisor, tuve un empleado que robó dinero de uno de nuestros registros. La habían atrapado, y yo estaba furioso. No podía creer que ningún empleado nuestro hiciera tal cosa. Así que marché al área de trabajo de esta persona y la despedí en el acto delante de algunos de sus compañeros. Le hice saber lo atroz que sentía que sus acciones habían sido y que nunca más sería bienvenida en nuestro centro de salud.

A Marty le costó mucho imaginar al Dan que conocía haciendo tal cosa. Reconoció que despedir a una persona así no era una manera profesional o amable de manejar las cosas, no importa cuán molesto puedas estar.

—Eso fue un error —dijo Dan—. He repetido esa terminación en mi cabeza de vez en cuando, y aunque robar es una razón viable para dejar ir a alguien, todavía me siento culpable por cómo me comporté ese día.

Marty asintió con la cabeza.

—He aprendido de mis errores, sin embargo. Hace un año, tuvimos una situación similar aquí. Sin embargo, esta vez me senté con el empleado en privado y les hice saber que serían despedidos. También me tomé el tiempo de escucharlos mientras se disculpaban y compartían que estaban lidiando con algunas presiones financieras reales. Esta persona admitió que se sentía desesperada y que había tomado una decisión muy mala. Sentí pena por esta persona, pero sabía que el despido era necesario para mantener nuestras normas de tolerancia cero en materia de robo y seguir siendo coherentes con la forma en que hemos manejado infracciones similares en el pasado.

Marty ciertamente entendió eso. Dan añadió: —Creo que la persona se sintió mucho mejor al tener la oportunidad de explicar su situación y disculparse. ¿Puedes ver cómo estas dos situaciones similares fueron manejadas de manera muy diferente?

Marty asintió. Definitivamente podía ver la diferencia entre los dos. Pensó en cómo se manejó cada despido y cómo podrían haber afectado a otros que también trabajaban para Dan. Marty había aprendido que la forma en que se llevaban a cabo las terminaciones en el trabajo se discutía normalmente entre el personal, sin importar cuán privado fuera el supervisor.

Dan separó a Marty de sus pensamientos. —Así que la caridad no se trata de evitar ciertas acciones que debemos tomar. Podemos realizar cualquier acción con o sin caridad. La caridad es tomar acciones desde un lugar donde tenemos una preocupación genuina por la persona. La realidad es que incluso el despido de alguien puede hacerse con o sin caridad.

Marty pensó que eso parecía correcto; podía ver un claro ejemplo en las historias de despido de Dan. Había tomado enfoques muy diferentes para situaciones similares: uno con caridad y otro sin ella.

—Permíteme compartir otra historia de despido contigo, si puedo —dijo Dan. Antes de que Marty pudiera responder, continuó—. Hace muchos años, aquí en este centro, tuve una jefa de departamento que realmente luchaba en su rol. Aunque me esforcé por ayudarla, nunca parecía ser suficiente. Pronto reconoció que estaba luchando y que no actuaba como yo y el centro necesitaba que lo hiciera. Y, como suele suceder, el resto del equipo reconoció que esta persona no se desempeñaba muy bien ni estaba a la altura de los estándares.

»Sabía que ella estaba muy por detrás, pero en un esfuerzo por establecer lo que yo pensaba que era caridad, le di a esta jefa de departamento una oportunidad tras otra, tras otra. A veces mejoraba durante un tiempo, pero nunca duraba mucho. Ambos luchamos con su falta de rendimiento consistente, y eso afectó a todo nuestro equipo. Después de mucho más tiempo del que me gustaría admitir, finalmente terminé despidiendo a esta empleada.

Marty se preguntaba a dónde iba Dan con esta historia y no entendía exactamente cómo se relacionaba con la caridad. En lugar de decir nada, asumió que Dan le ayudaría a unir los puntos.

—En pocas semanas, esta empleada entró en mi edificio mientras trabajaba para uno de nuestros vendedores. Me sorprendió lo feliz y aliviada que se veía. Tuve una relación con su supervisor, que era nuestro gerente de cuentas. Durante una reunión con él un día comentó cómo esta persona era una gran adición a su equipo. Dijo que estaba encantado de tenerla a bordo y que sentía que ella estaba disfrutando mucho de su trabajo. Después de eso, cuando la veía de vez en cuando en el momento en que entraba en nuestro edificio para hacer una entrega, era obvio que era mucho más feliz en el trabajo. A lo largo de los años he seguido viendo a esta persona hacer bien su rol en esta organización.

Marty todavía no estaba seguro del punto de la historia y de cómo encajaba. Justo cuando estaba a punto de preguntar, Dan añadió: —Me aferré a esta empleada demasiado tiempo, y ella se sentía miserable. Estaba impactando negativamente a sus compañeros, y lo sabía. Estaba sufriendo, estaba atrapada en un trabajo en el que no tenía éxito, y los resultados de nuestro centro estaban sufriendo. En el supuesto nombre de la caridad, le di a esta líder oportunidad tras oportunidad tras oportunidad, y esto continuó durante meses y meses —Dan sacudió la cabeza. Marty comenzó a entender lo que esta historia tenía que ver con la cuarta *C*.

—En lugar de ayudar a esta persona, la verdad era que me estaba salvando de la difícil tarea de dejar ir a alguien que me importaba. No quería tomar esa acción e intenté decirme a mí mismo que estaba demostrando caridad —Dan seguía moviendo la cabeza como si recordara su error—. Así que el punto que trato de llevar a casa es que la caridad se trata de cuidar tanto a la gente que hacemos cosas que los ayudarán más. Y créeme, en ese momento, esta jefa de departamento estaba furiosa porque la había dejado ir, pero fue lo mejor que pude haber hecho por ella. Cuando la gente no tiene éxito, es difícil para ellos disfrutar de su trabajo. A veces la gente está en la posición equivocada, y lo más amable que podemos hacer es ayudarles a seguir adelante para que puedan encontrar un mejor ajuste.

Marty estaba fascinado por lo que Dan estaba compartiendo. Por un lado, Dan tenía la reputación de ser ferozmente leal a su personal, pero, por otro lado, también era conocido por moverse rápidamente cuando alguien no estaba actuando. Marty se había preguntado en silencio cómo funcionaba eso, pero ahora sentía que todo empezaba a aclararse.

—Hacer a la gente responsable y ayudarles a tener éxito, como Julie hizo por ti cuando te equivocaste, es un acto de caridad cuando se hace con las intenciones correctas. ¿Cómo crees que las cosas podrían haber sido diferentes si Julie no te hubiera mencionado nada y se hubiera ocupado ella misma, por ejemplo? —preguntó Dan, alejando a Marty de sus pensamientos otra vez.

Marty pensó en ello. —Supongo que, si Julie no me hubiera dicho nada, podría haber sentido que muchas de las cosas que me pidió que hiciera no eran tan importantes. Esto podría haberme llevado a desarrollar malos hábitos como no tomar medidas en los asuntos que necesitaban ser atendidos —hizo una pausa—. También quizás habría aprendido a no preocuparme por hacer responsable a la gente si me hubiera dejado libre. Quiero decir, realmente la admiré y aprendí mucho de ella.

Marty se detuvo de nuevo, pero seguía pensando. —Sin que me haga responsable ese día, puedo ver cómo muchas cosas negativas podrían haber venido potencialmente de él. Pero como lo hizo, aprendí a ser más responsable y a cumplir con lo que me comprometo a hacer. Y lo más importante, aprendí de su ejemplo de cómo hacer responsable a la gente de una manera amable, como dijiste. Esto me ha hecho un mejor líder y realmente una mejor persona.

—Me encanta —Dan se inclinó hacia adelante y golpeó el aire sobre su cabeza como si estuviera chocando los cinco con alguien—. Creo que podrías estar recibiendo esto después de todo. Empezaba a preguntarme si alguna vez lo harías —dijo con una sonrisa, burlándose de Marty.

Marty sonrió y sacudió la cabeza, divertido por el comentario de Dan.

La Caridad y el Modelo

Después de un rápido descanso, los dos se sentaron en las sillas en las que se habían acostumbrado a sentarse en los últimos días. Después de una pequeña charla, Marty preguntó sinceramente: —Cuéntame más sobre cómo funciona la caridad con las otras tres *C's* del modelo.

—Me alegra mucho que hayas sacado el tema. Como mencioné antes, la caridad actúa como un multiplicador o lupa en el modelo, y por eso rodea las otras tres *C's*. Si proporcionas mucha claridad, pero la gente no sabe realmente si te preocupas por ellos o no, tu claridad solo llegará hasta el punto de ayudarte a construir un equipo cohesivo y una cultura saludable en el lugar de trabajo. La claridad que creas siempre tendrá un impacto positivo, pero si le añades la caridad, su impacto será mucho mayor de lo que sería sin ella. El impacto de esa claridad se magnifica. Las dos combinadas son una fuerza poderosa para mejorar tu habilidad de ser un líder transformacional. Lo mismo ocurre cuando añades la caridad a la consistencia y la celebración. Cuanta más caridad sienta tu equipo por ti y por la organización, mayor será el impacto de las otras tres *C's* en los que lideres.

Marty pensó que entendía lo que Dan quería decir, pero se preguntó si debía pedir algunos ejemplos más concretos. Esperó un momento más, y valió la pena.

—Permíteme tratar de compartir un ejemplo simple para ilustrar mejor este punto. ¿Recuerdas que ayer mencioné que me puse como meta con nuestra recepcionista medir el número de sonrisas que obtuvo de los que entraron por nuestra puerta o pasaron por su escritorio? ¿Y que decidimos celebrar cuando ella cumplió su meta o rompió su récord?

Marty lo recordó y pensó que era un ejemplo interesante de celebración. Todavía quería hablar con su recepcionista sobre ello. Estaba agradecido de que Dan se lo recordara, y tomó una nota rápida, respondiendo: —Sí, por supuesto.

—Así que nuestro objetivo inicial era cincuenta sonrisas. Así que digamos que unos días después, después de trabajar duro para que la gente sonría, vino a mi oficina emocionada y exclamó que lo hizo. Consiguió que cincuenta personas sonrieran en un día. Ahora es el momento de celebrar, ¿verdad? —Marty asintió con la cabeza, sin estar seguro de adónde iba Dan de nuevo.

—Ahora estoy pensando en cómo celebrar su logro, y me doy cuenta de que no conozco muy bien a mi recepcionista —Dan hizo una pausa por un momento—. Esto es solo hipotético —dijo, tratando de parecer inocente.

Marty tuvo que reírse. —Estoy seguro de que lo es —dijo sarcásticamente, y ahora se burlaba de Dan.

—Te prometo que lo es —Dan puso ambas manos delante de él y se rio.

—De todos modos, hipotéticamente hablando —dijo Dan, pareciendo recuperar la compostura—, digamos que decido que voy a celebrar con ella pidiéndole una pizza en la mejor pizzería de la ciudad, porque a quién no le gusta la pizza, ¿verdad?

Marty asintió. —Por supuesto —dijo, prestando más atención al ejemplo de Dan.

—Bueno, digamos que nuestra recepcionista es parte del pequeño porcentaje de la población a la que no le gusta. Llevémoslo un poco más lejos y digamos que no solo no le gusta, sino que además es intolerante a la lactosa y no puede comerla. Así que ni siquiera es una opción para ella por razones de salud.

Marty notó que Dan hacía una pausa como siempre lo hacía cuando quería asegurarse de que Marty entendiera. Marty sintió que ahora sabía hacia dónde se dirigía Dan con este ejemplo y asintió para mostrar que estaba escuchando.

—Por supuesto, no tengo ni idea de esto porque nunca me he tomado el tiempo para conocerla. Después de todo, ella es solo la recepcionista —Dan dijo que la última parte sonaba sarcástica, como si fuera una pobre excusa para no conocerla.

Marty pensó que eso le agradaba mucho de Dan. Parecía interesarse por todos en su centro, sin importar su posición. Se dio cuenta de que esto era probablemente en parte el resultado de su enfoque en el modelo de las cuatro *C's*. Para Marty, interesarse por la gente sin importar su posición parecía una forma de establecer más consistencia y caridad.

Dan avanzó en su silla ahora, mirando directamente a Marty, alejándolo de sus pensamientos y volviendo a llamar su atención. —Porque hay un bajo nivel de caridad en esta situación, porque no sé nada sobre lo que le gusta, ni parezco interesado en averiguar, ¿cuánto impacto tendrá esta celebración en ella?

—No mucho, si es que hay algo —Marty respondió más rápido de lo que había previsto, añadiendo—: De hecho, puede que se sienta un poco disgustada por haberle comprado algo que no le gusta y que ni siquiera puede comer. Eso sería molesto, si no desalentador para mí, seguro.

—Eso es cierto. Esto ciertamente demostrará que no sé mucho sobre ella. Y soy su jefe —dijo Dan enfáticamente como para ilustrar el punto de que su jefe debería conocerla—. Ahora, conociendo a Michelle, estoy seguro de que podría ser más amable que eso. Estoy seguro de que apreciará mi esfuerzo y estará agradecida de que al menos haya hecho algo. Dicho esto, ¿qué tan motivador crees que fue mi celebración para ella para la próxima vez?

—Probablemente no es motivador en absoluto —respondió Marty.

—Probablemente tengas razón —Dan se detuvo de nuevo mientras Marty pensaba en su ejemplo. Ciertamente podía ver cómo la falta de caridad afectaba a este acto de celebración.

Dan dijo entonces: —Digamos que, en cambio, me he tomado el tiempo de conocer a mi recepcionista. De hecho, digamos que me enteré de que le encantaban las palomitas de maíz. En lugar de celebrar con pizza, le presento unas bonitas bolsas de caramelo gourmet y palomitas con mantequilla que puede compartir con los demás. ¿Cuánto más significativa sería esta celebración?

—Estoy seguro que mucho más.

—¿Y cuánta más motivación tendrá la próxima vez que me proponga una meta con ella?

Marty asintió. —Mucho más.

—Puedo decirte que tienes razón. Ella se asustó —Dan se rio de nuevo como si recordara el recuerdo.

Marty pensó en esto por unos momentos. Se dio cuenta de que la recepcionista del frente le había impresionado desde el día que empezó mientras observaba cómo saludaba a todos con una gran sonrisa de bienvenida. Ahora entendía que, en parte, esto se debía a las cuatro C's. Se sorprendió de cómo la implementación de las cuatro C's había tenido un impacto tan grande tanto en la recepcionista como en el nivel de servicio al cliente que se ofrecía en el vestíbulo del frente. Luego pensó en cómo las cuatro "*C's*" probablemente tenían un impacto significativo en todos los resultados del edificio.

Dan continuó. —Sé que es un ejemplo muy simple, pero ¿puedes empezar a ver cómo la caridad tiene un efecto multiplicador en las otras tres *C's*? Cualquier cosa que hagas para crear claridad, mejorar la consistencia y celebrar, mejorará tu efectividad como líder. Sin embargo, cuando existen altos niveles de caridad, el impacto que estas otras tres *C's* tienen en tu equipo se multiplica significativamente.

En ese momento, Marty estaba tan impresionado con el modelo de Dan. Aunque sabía que aún tenía más que aprender, al mirar la pizarra, pudo sentir las implicaciones que podía tener en su liderazgo y sus resultados. Pudo ver cómo cada elemento del modelo complementaba a los demás. También estaba empezando a ver cómo la falta de uno de ellos podía frenar el impacto general que un líder tenía en su equipo.

Marty decidió que, aunque la cuarta *C* era más sensible, no podía negar el poderoso impacto que tenía en los demás.

—¿Puedo preguntarte algo que ya te pregunté antes?

—Sí, por supuesto —respondió Marty, preguntándose qué podría ser.

—Mencionaste antes que Julie haría cualquier cosa por ti y que sabías que se preocupaba por ti, pero recuérdame cómo lo supiste.

Marty se sentó durante unos segundos, pensando en ello. Luego dijo: —Como mencioné antes, parecía importarle. Siempre mostró interés en mí, en mi familia y en mis intereses personales fuera del trabajo. Sentí que le importaba mi éxito porque se tomaba el tiempo para reunirse conmigo regularmente. Me ofrecía ayuda cuando la necesitaba y parecía una verdadera mentora. Supongo que por eso lo supe.

—Me gusta eso —dijo Dan—. Verás, los grandes líderes aman a la gente que lideran, y su gente puede sentirlo. La gente puede saber lo que sientes por ellos.

Dan hizo una pausa por otro momento, y luego dijo: —Si eres un jefe y no te gusta el equipo que diriges o el lugar donde trabajas, tienes que encontrar una manera de llegar allí rápidamente. Y si no puedes, probablemente deberías encontrar un lugar donde sí puedas. Un líder necesita creer en su equipo más que nadie. Para que el equipo te acepte realmente como líder y para que seas un líder duradero para los que diriges, debes tener caridad.

Marty pensó en esto. Conocía a muchos líderes que no creía que le importaran mucho sus equipos. También se dio cuenta de que los conflictos de personalidad y los egos probablemente jugaban un rol en esto. Pero sin importar la razón, estaba seguro de que ninguno de estos líderes obtenía el 100 por ciento de sus equipos como resultado.

—La caridad es simple, Marty. No requiere que hagas cosas grandes o extravagantes. Puedes mostrar amabilidad y preocupación mejor a través de actos simples. Recuerda la llamada de un minuto de Sandy cuando mi hijo estaba enfermo o la paciencia de Julie cuando lo estropeaste.

Marty no había considerado esto mucho. Aunque no pensaba necesariamente que tenía que hacer grandes cosas para demostrar caridad, tampoco había considerado lo simple que podía ser. Podía ver cuán simples y sinceros actos de bondad parecían estar en el corazón de la caridad.

Sus pensamientos se dirigieron entonces a los pequeños equipos y departamentos que había dirigido en el pasado. Sentía que en muchos sentidos tenía caridad hacia ellos.

Ciertamente se preocupaba por ellos y sentía que siempre había querido lo mejor para ellos. Sabía que la caridad era probablemente algo que le había ayudado hasta ahora en su carrera, y esperaba que su caridad pudiera crecer para el nuevo equipo que ahora era responsable de dirigir. Basándose en su discusión de esta mañana, Marty sintió que tenía una idea bastante buena de cómo hacerlo.

Se Hace Tarde

—Bueno, es más tarde de lo que pensaba —dijo Dan, mirando su reloj.

Marty se sorprendió y miró el reloj de su pared. Dan tenía razón.

—Gracias una vez más —dijo Marty, serio y triste por el tiempo que había pasado tan rápido—. He aprendido mucho en estos últimos cuatro días y me gustaría que nuestras conversaciones pudieran continuar durante todo el día. Me preocupa ser tan novato en la aplicación de este modelo.

—No seas tan duro contigo mismo. Sé que ya has estado haciendo muchas de estas cosas sin darte cuenta. Los líderes tienen éxito porque, en cierta medida, implementan las cuatro C's, ya sea que entiendan el modelo o no. Sin el modelo, sin embargo, muchos líderes o bien no se centran en las cosas que pueden ayudarles a ser más eficaces o no se dan cuenta de lo que les ha hecho exitosos en primer lugar. ¿Recuerdas cómo dejé de ser consistente?

Marty recordó la historia de Dan sobre la consistencia y cómo había afectado a su equipo. También recordó que Dan dijo que sentía que, si hubiera tenido el modelo, no habría cometido un error tan grande porque se habría centrado en él.

Dan frunció el ceño ahora, mirando por encima del hombro de Marty.

—¿Pasa algo malo? —Marty preguntó.

—El liderazgo no es fácil. Es extremadamente difícil. Y aunque las ideas o elementos del modelo son simples de entender, no son fáciles de implementar. Requiere mucho esfuerzo. Créeme cuando te digo que no es fácil dar claridad, ser consistente, celebrar y actuar con caridad todo el tiempo. Algunos líderes hacen estas cosas con más naturalidad, mientras que otros deben concentrarse más en ellas. Probablemente puedas adivinar qué tipo de líder soy en base a todas mis historias de errores pasados —Dan sonrió ampliamente—. El modelo de las cuatro *C's* te desafiará; desafía a todos los líderes. Requiere un esfuerzo diario consciente por parte de cualquier líder.

Marty asintió con la cabeza porque creía que era verdad.

—Una de las bellezas de la modelo es que puede ayudar a todos los líderes, incluso a los que son muy diferentes unos de otros. Lo que quiero decir es que no tienes que establecer la claridad, la consistencia, la celebración y la caridad de la misma manera que yo lo hice. Está diseñado para ser flexible y puede adaptarse a cualquier situación. Diferentes equipos, circunstancias e incluso industrias pueden exigir que un líder encuentre formas únicas de establecer cada una de las *C's*. La parte importante es esforzarse por establecerlas entre tu equipo.

Marty estaba tan contento por lo que Dan acababa de decir. Le preocupaba tener que hacer exactamente lo mismo que Dan para establecer las cuatro *C's*. Se dio cuenta de que diferentes líderes podrían establecerlas a su manera, y eso estaba bien. Marty se sintió más tranquilo sabiendo que no necesitaba replicar cada cosa que Dan hizo para mantenerlas.

Dan separó a Marty de sus pensamientos. —Comprende también que este modelo no es una solución rápida. Requiere un esfuerzo diario. La necesidad de establecer claridad, consistencia, celebración y caridad nunca desaparece. Siempre está ahí. Claro, al principio establecer las *C's* requiere un esfuerzo más diligente, pero eso no significa que puedas abandonarlas y no enfrentar las consecuencias. En cierto modo, seguir el modelo es una búsqueda de por vida para todo líder. Cuanto más se establezcan las *C's*, más fuerte será su cultura y sus resultados, y cuanto más se descuiden o se olviden, más débiles serán su cultura y sus resultados.

Marty volvió a sentir una ola de aprecio por Dan. —Estoy realmente agradecido por el conocimiento que has compartido conmigo en los últimos días. Sé que seré un mejor líder gracias a ello.

—Es realmente un placer —dijo Dan—. Los líderes se enfrentan a tantas distracciones que pueden alejarlos de hacer las cosas más importantes. Puede ser difícil convertirse en un líder de gran éxito cuando no tienes el modelo de las cuatro *C's* para guiarte. Con el modelo en su lugar, puede ayudar a dirigir tus decisiones y acciones. Con cualquier decisión, un líder debe preguntarse: "¿Esto me ayudará a aumentar y reforzar las cuatro *C's* o a apartarme de las cuatro *C's*?" Tener este modelo dispuesto así —Dan se dirigió a la pizarra—, te ayudará a aumentar tu enfoque en las cuatro *C*. Y esto te ayudará a convertirte en un verdadero gran jefe. Con este modelo, estoy convencido de que cualquier líder puede tener mucho éxito bajo cualquier circunstancia, dentro de cualquier organización. Se trata simplemente de establecer cada *C* con el equipo que lideras.

Marty se sentó y lo grabó todo en su mente. Sabía que Dan tenía razón, y sus resultados hablaban por sí mismos. Dan parecía relajado.

—Realmente voy a extrañar nuestras reuniones matutinas —respondió Marty, y lo dijo en serio—. Y haré lo mejor que pueda para implementar el modelo, aunque tengo que admitir que seguirte es un poco desalentador.

—Estás mucho más cerca del modelo de lo que crees —dijo Dan tranquilizadoramente—. Además, estoy a solo una llamada de teléfono, y Grace, la directora general del centro de salud al otro lado de la ciudad, probablemente es mejor en esto que yo. Ella realmente hizo un excelente trabajo al establecer las cuatro *C's* muy rápidamente con su equipo y transformó ese lugar. Sé que ella también estará feliz de ayudarte. De hecho... —Dan comenzó a ponerse de pie—. Los presentaré a los dos pronto. Será un gran recurso y una gran ayuda cuando lo necesites.

—Gracias —respondió Marty. Había oído hablar mucho de Grace, y sabiendo que ella sabía del modelo, se moría por conocerla. Recordó que ella era alguien que había trabajado bajo el mando de Dan en su centro durante unos años. Se dio cuenta de que la tutoría que recibió trabajando con él había dado sus frutos, ya que había convertido un centro que había estado luchando durante muchos años en un centro insignia de la organización. En muchos sentidos, rivalizaba con el de Dan como uno de los mejores de toda la compañía en los últimos dos años. Marty pensó que Dan es realmente *el hombre*, al darse cuenta de que no solo dirigía un centro increíble, sino que también había ayudado a otros, como Grace, a hacer lo mismo. Marty estaba de nuevo sorprendido por la voluntad de Dan de transmitir sus conocimientos, incluso si eso significaba que los resultados de otros centros podían superar los suyos.

—No hay problema —dijo Dan sinceramente—. Ahora que he escrito en tu pizarra, ¿por qué no vuelvo mañana y te enseño algunas cosas del edificio y te doy información interna sobre algunos de tus empleados y algunos de los desafíos en los que hemos estado trabajando? Probablemente hará feliz a todo el mundo que comencemos a hacer un trabajo de verdad por aquí —dijo Dan en broma.

—¡Me encantaría eso! —Marty respondió con demasiado entusiasmo. Sintió que sus mejillas se ponían rojas, y Dan se rio de nuevo. Marty se puso de pie para estrechar la mano de Dan.

—Mientras tanto, creo que tu bonita foto me ha inspirado a programar una hora de salida. Espero verte de nuevo mañana —con eso, Dan abrió la puerta y se fue.

***

Después de sentirse eufórico de que Dan regresara mañana, el resto del día de Marty estuvo ocupado. A lo largo de él, intentó hacer cosas que pensó que podrían comenzar el proceso de establecer la caridad con su equipo, y parecía que ya estaba dando sus frutos. Por ejemplo, descubrió algunos datos divertidos sobre algunos de los miembros clave de su equipo de liderazgo, incluyendo a su asistente, Kate. También pasó el almuerzo en la sala de descanso de los empleados en el pasillo tres conociendo a algunos de los empleados que trabajaban en el piso de esa ala. Cuando alguien activó la alarma de incendios de esa unidad esa tarde, fue mucho más fácil dar instrucciones a las personas que sentía que conocía a un nivel más personal. También sintió que tomaban mejor las instrucciones al haber llegado a conocerlo un poco.

Cuando Marty llegó a casa esa tarde, le dijo a April cuál era la cuarta *C* y cómo encajaba en el modelo. Al igual que Marty, ella no podía creerlo. Estuvo de acuerdo con él en que el modelo parecía brillante y que cada elemento era muy necesario en el lugar de trabajo. Ambos podían ver cómo el adoptar cada *C* ayudaría a cualquier líder a tener éxito. Aunque Marty se dio cuenta de que sería imposible medir realmente su impacto, las cuatro *C's* le parecían correctas. Sabía que le ayudarían a convertirse en un jefe increíble.

Sorpresa del Viernes

Marty podía ver las luces de la calle todavía encendidas fuera de la ventana de su oficina, aunque era obvio por el color del cielo que el amanecer se acercaba rápidamente. Había llegado a la oficina antes de lo normal porque había tenido problemas para dormir la noche anterior. Esto no era inusual para él, especialmente cuando tenía ideas corriendo por su mente como los coches en una pista de carreras. Aunque su mente estaba enfocada en muchas cosas, lo que le venía a la mente eran las *C's*, que le llenaban tanto de emoción como de nerviosismo. Estaba emocionado porque podía ver cómo las cuatro *C's* le ayudarían realmente a ser un líder más exitoso, pero un poco nervioso porque tenía que seguir al fundador y creador de ellas.

Ahora que Dan había terminado de compartir su modelo de las cuatro *C's*, Marty no estaba seguro de qué esperar de él hoy. Como no podía dormir, se dirigió a trabajar temprano sabiendo que pasaría tiempo con Dan. Había decidido que valía la pena tratar de ponerse al día en algunas cosas antes de que Dan llegara.

Algún tiempo después, mientras Marty estaba en medio de la revisión de un informe laboral, Dan abrió la puerta con su típica sonrisa y expresión de entusiasmo, agitando rápidamente el brazo como si hiciera un gesto de que quería que Marty lo siguiera. Antes de que Marty pudiera decir una palabra, Dan gritó al otro lado de la oficina. —Date prisa, Marty, ven conmigo. Quiero mostrarte algo.

Marty se levantó de su escritorio. No pudo evitar preguntarse hacia dónde se dirigían y qué estaba pasando. Cuando pasó por el escritorio de su asistente, siguiendo a Dan, notó que ella no estaba allí, lo que parecía extraño. Giraron a la izquierda por el pasillo, pasando por las oficinas y los escritorios de muchos de sus jefes de departamento. Se dio cuenta de que también estaban todos vacíos. «¿Dónde están todos?» pensó para sí mismo mientras miraba su reloj. Normalmente, la gente ya estaba en su lugar de trabajo.

Marty continuó siguiendo a Dan, que caminaba rápidamente delante de él. A medida que se alejaban por el pasillo, Marty comenzó a oír a la gente riendo y charlando, y de repente el olor a panqueques frescos lo golpeó. —¿Qué está pasando? —le preguntó a Dan justo antes de que entraran en la sala de conferencias.

—¡Sorpresa! —todos gritaron, y algunos hicieron ruido, lo que hizo que algunos en la sala se agarraran instintivamente de las orejas y se rieran. También rociaron a Marty y a Dan con confeti al entrar en la sala. —¿Qué es todo esto? —preguntó Marty, genuinamente sorprendido—. ¿Para quién es esto?

—Queríamos celebrar tu llegada a nuestro centro como nuestro nuevo jefe —dijo Kate con una sonrisa.

—Gracias a Dios que Dan finalmente se va —otra persona se acercó desde algún lugar en el fondo de la habitación, y todos comenzaron a reírse. Algunos le dieron una palmadita a Dan en la espalda, asegurándole que no era verdad, aunque todos sabían que era solo una broma.

—Oye, sigo aquí, y probablemente no sea demasiado tarde para que Marty cambie de opinión sobre todo esto, así que mejor que tengas cuidado con lo que dices —respondió Dan, intentando decirlo con la cara seria mientras todos se reían de nuevo.

Marty miró alrededor de la habitación, sorprendido. El lugar estaba decorado, y había panqueques y adornos, globos, cotillones, sombreros, e incluso un cartel hecho a mano que parecía tener firmas y decía: "Bienvenido Marty al mejor lugar de trabajo". El equipo había pensado en esto, y Marty se sintió bienvenido. Lo que le sorprendió aún más fue que cada persona parecía estar genuinamente interesada en el otro y feliz de pasar tiempo juntos. Por experiencia, Marty sabía que esto era raro en el lugar de trabajo, especialmente en el cuidado de la salud, donde los presupuestos siempre eran ajustados, el ambiente a menudo era pesado, el tiempo era dinero, y los niveles de estrés podían estar por las nubes. Marty decidió que podía acostumbrarse a la celebración y a las otras *C's*.

***

Marty se divirtió mucho con su equipo esa mañana, y al final del día, podía decir honestamente que se había divertido mucho en el trabajo en mucho tiempo. También se sintió notablemente conectado a su nuevo equipo.

Para rematar su día, Grace, del centro de salud del otro lado de la ciudad, se detuvo al final de la tarde para darle la bienvenida a Marty, y tuvieron una gran discusión sobre las cuatro *C's*. Después de escuchar algunas de las historias de Grace, Marty estaba aún más convencido de que el modelo de las cuatro *C's* era exactamente lo que necesitaba para ayudarle a tener éxito como líder.

Sábado

Era sábado por la tarde, y aunque había pensado que podría estar agotado, Marty se sentía entusiasmado con sus nuevas responsabilidades, el centro de salud y el equipo. Estaba atrasado y probablemente necesitaría trabajar algunos fines de semana adicionales para ponerse al día, pero estaba muy agradecido por el tiempo de Dan. Dan también había venido a la oficina esa mañana. Dijo que tenía la corazonada de que Marty estaría allí y pasó por el centro de camino a un campo de golf. Dan bromeó con Marty que solo tenía que restregárselo un poco. A pesar de que era un día de otoño ligeramente soleado y hermoso afuera, lo gracioso era que Marty no sentía ni siquiera un poco de celos. Pensó que esto podía deberse solo a la emoción de los desafíos que tenía por delante y al camino que había trazado Dan. «El modelo de las cuatro *C's* dibujadas en la pizarra se quedaría allí durante mucho tiempo», pensó Marty, para recordarle en lo que más necesitaba concentrarse.

Marty caminó por los pasillos del centro de salud al final de la tarde del sábado y reconoció signos de las cuatro *C's* por todas partes. En primer lugar, estaba la pared del extremo del pasillo junto a la sala de descanso con las bonitas calcomanías que enumeraban los valores fundamentales del centro, proporcionando claridad a todo el equipo sobre lo que el centro representaba y lo que esperaban representar. Luego estaba la lista de tareas en el escritorio de su asistente, que ella completó fielmente cada día. Para Marty, esto era un símbolo de la increíble consistencia y disciplina que todo el equipo parecía tener. Esto le trajo una sensación de seguridad, sabiendo que podía contar con ella y con los demás. A continuación, estaban los globos de helio ahora caídos que colgaban de la puerta de la oficina de Marty, así como el cartel de bienvenida que ahora estaba en su oficina, recordándole la celebración que él y su equipo habían tenido el otro día para darle la bienvenida como su nuevo jefe. Por último, estaba el cartel de "Bienvenida a los nuevos empleados" en su pasillo principal con fotos y presentaciones de todo el nuevo personal que se había unido al equipo durante el mes, incluyendo su propia foto. Esto, para Marty, era una ilustración de la caridad y comunicaba un poderoso mensaje a los nuevos miembros del personal de que pertenecían, se preocupaban y eran conocidos.

Entonces Marty recordó el primer día que conoció a Dan. Había entrado con Roger, el empleado de servico, que parecía un viejo amigo suyo. Se dio cuenta de que Dan lo conocía bien en el plano personal, más allá de lo que pasaba en el trabajo. Se daba cuenta de que se preocupaban genuinamente el uno por el otro. Mientras Marty pensaba en ello, decidió que esta era quizás la mejor ilustración de la caridad que había observado durante todos sus años en Wiser Care.

Marty se sorprendió de no haber reconocido antes algunas de estas manifestaciones físicas de las cuatro C's, aunque no conocía el modelo. Sin embargo, lo que Marty sí sabía en ese momento era que desde el momento en que entró por la puerta de este centro de salud, podía sentir una increíble vibración y una buena sensación que parecía impregnar el edificio. Se sentía como en ningún otro centro de salud en el que hubiera estado. Aunque reconoció esta sensación distintiva en ese momento, no estaba seguro de lo que era. Gracias a Dan y a su equipo, ahora empezaba a entender. Esto iba a ser un desafío, de hecho, seguir los pasos de una leyenda, pero Marty sabía que ahora tenía el modelo que necesitaba para hacerlo. Tenía la comprensión del modelo de las cuatro *C's* para el éxito del liderazgo. ¡Sabía cómo ser un jefe increíble!

Epílogo

El Liderazgo de Hoy

Las organizaciones están desesperadas por tener buenos líderes que manejen bien sus negocios y sus equipos. Y los empleados están desesperados por trabajar para un buen jefe. Ya no basta con ser inteligente o trabajar duro. Los líderes de hoy en día tienen que ser más que inteligentes y estratégicos en su enfoque. Deben crear un increíble ambiente de trabajo que atraiga y retenga a los mejores talentos. Las cuatro *C's* son un modelo que todo líder puede usar para hacer esto. Establecer claridad, construir consistencia, crear celebración y demostrar caridad separará a los mejores líderes y organizaciones del resto.

Aplicar las cuatro *C's* te hará un líder para el que otros quieren trabajar y las organizaciones quieren trabajar para ellos. Aprender y esforzarse por desarrollar la claridad, la consistencia, la celebración y la caridad como líder te ayudará a prosperar en el mercado cada vez más competitivo.

Salud Organizacional

Las cuatro *C's* no solo son un modelo para ser un líder transformador y duradero, sino también la forma de estructurar y desarrollar una fuerte cultura organizativa. Cualquier organización que pueda crear claridad, ser consistente, encontrar maneras de celebrar y construir caridad para los miembros del equipo desarrollará una cultura fuerte y saludable que producirá resultados excepcionales.

He visto estos principios aplicados en muchas organizaciones diferentes y en muchos niveles diferentes. No importa el tamaño, la ubicación o el tipo de negocio, una y otra vez, el modelo de las cuatro *C's* siempre ha producido un entorno que anima a las personas a prosperar y enorgullecerse de los servicios y productos que ofrecen. Si una organización está luchando -o incluso si lo está haciendo bien, pero le gustaría lograr resultados más superiores- la aplicación del modelo de las cuatro *C's* le ayudará a alcanzar su potencial.

Más Allá del Trabajo

El poder de las cuatro *C's* va más allá de las paredes del lugar de trabajo. Ya sea que seas un padre, un organizador de la comunidad a cargo de un grupo de voluntarios, o simplemente estás manejando tu propia vida, implementar las cuatro *C's* te ayudará a encontrar el éxito. Crear claridad, ser consistente, celebrar incluso en tu vida personal y tener caridad te ayudará a tener mejores resultados y consecuencias. Aplicar estos simples principios en cualquier situación hará que tu vida sea mejor.

Un Vistazo más de Cerca al Modelo

Hay una tremenda satisfacción en convertirse en un líder exitoso y construir una organización saludable usando el modelo de las cuatro *C's*. Aunque Dan compartió con Marty cómo las cuatro *C's* podrían ayudarle a convertirse en un jefe impresionante dentro de su centro de salud, las cuatro *C's* pueden aplicarse en cualquier nivel de cualquier organización. Las cuatro *C's* son el modelo no solo para un gran liderazgo, sino también para construir una cultura de lugar de trabajo saludable que tendrá un impacto dramático en los resultados de cualquier organización.

Claridad

La claridad consiste en hacer las cosas lo más claras posibles en toda la organización y está en la base del modelo. Sin claridad, las otras *C's* en la pirámide lucharán por influir en una cultura y organización de la forma en que deberían hacerlo.

Lo más importante es que un líder o una organización se esfuerce por crear claridad en torno a su misión, visión y valores. Sin embargo, cuanta más claridad se cree en una organización en general, mejor será.

El error más común cuando se trata de crear claridad ocurre cuando los líderes y las organizaciones creen que han sido claros cuando en realidad no lo han sido. Recuerda, alguien tiene que oír algo al menos siete veces antes de empezar a entenderlo, interiorizarlo y creerlo. La repetición es la clave.

Consistencia

Como Dan señaló, la consistencia es la claridad en la acción. Es reforzar la claridad con la acción. Es tener la disciplina para hacer lo que dices que vas a hacer. La consistencia de un líder proporciona un sentimiento de fiabilidad en el trabajo y algo con lo que la gente puede contar.

La consistencia también se refuerza con las tradiciones y normas en el lugar de trabajo. Las organizaciones deben esforzarse por crear sus propias formas únicas de hacer negocios a través de las tradiciones y la consistencia.

Recuerda que la consistencia no consiste en evitar el cambio. Las organizaciones tienen que cambiar y crecer para seguir siendo relevantes y tener éxito. El cambio es una necesidad. Por lo tanto, la consistencia no se trata de evitar el cambio, sino más bien de cómo la organización maneja y enfoca el cambio. Si se puede construir la consistencia alrededor de tu enfoque y respuesta al cambio, la gente se sentirá mucho mejor acerca de los cambios frecuentes que inevitablemente ocurrirán.

Y toda esta consistencia llevará a una sensación de seguridad. Cuando las personas se sienten seguras en el trabajo, cuando saben a cierto nivel qué esperar día tras día, semana tras semana, año tras año, querrán quedarse. Cuando las organizaciones pierden consistencia, las personas pueden sentir que están en una situación impredecible. Como humanos, nos encanta sentir que estamos en terreno estable, así que la gente puede elegir ir a otro lugar cuando las cosas son inconsistentes. Una vez más, no se trata de evitar el cambio. Se trata de cómo actuar, comportarse e implementar el cambio. Si se hace de forma consistente, el cambio no disminuirá el nivel de seguridad que existe dentro de la organización, y el cambio no será algo a lo que temer o de lo que huir.

Celebración

Todo el mundo necesita saber cuáles son los objetivos y estándares dentro de la organización; esto es parte de la claridad. Sin embargo, una vez que se cumplen los objetivos, tiene que haber una celebración. La celebración es el reconocimiento, más la medición, más la diversión.

La celebración no solo debe ocurrir cuando se cumplen los objetivos, sino que los líderes deben celebrar el progreso e incluso las pequeñas victorias en el camino. Medir el progreso hacia las metas y hacer ese progreso súper claro permitirá a los líderes y a las organizaciones una amplia oportunidad de celebrar y reconocer el desempeño en el trabajo.

Todos los seres humanos tienen la necesidad de ser reconocidos. Aunque a todos nos guste recibir reconocimiento de diferentes maneras, la idea de ser reconocidos por nuestros esfuerzos y trabajo es importante.

Las celebraciones están en el corazón de los recuerdos felices y duraderos para la mayoría de nosotros. Mucho de lo que hacemos y esperamos en la vida se centra en las celebraciones. Así que, ¿por qué no celebrar en el trabajo?

Las celebraciones fomentan un ambiente para relaciones más profundas. Los humanos tienen una necesidad de conexión con los demás. Muchas relaciones dentro del ambiente de trabajo están en un nivel superficial. Por lo tanto, los compañeros de trabajo y los colegas se sienten poco obligados unos a otros; no hay una conexión real. Sin embargo, cuando las celebraciones unen a la gente, nos sentimos conectados y no queremos defraudarnos. Las celebraciones crearán recuerdos compartidos y lazos emocionales más fuertes con tu organización y equipo.

La celebración es como la guinda del pastel de una gran cultura. Sin ella, los líderes y las organizaciones pierden la oportunidad de fortalecer su cultura. La conclusión es que cuando la gente siente que su organización es buena en la celebración, querrán seguir trabajando allí.

Caridad

La caridad se trata de sentirse querido y conocido en el trabajo. ¿La gente se preocupa por mí como ser humano, o mi jefe o mi empleador solo está interesado en lo que soy capaz de producir? Esta es la pregunta que la gente querrá saber de ti y tu organización. ¿Son prescindibles, o te vas a quedar con ellos, los vas a conocer y vas a creer en su valor y contribución únicos? Cuando la gente se siente conocida, respetada y cuidada, su capacidad y deseo de ser productiva y dar lo mejor de sí se vuelve instintivo. Cuando la gente se siente no apreciada, no respetada y no conocida, su rendimiento siempre será menor de lo que podría ser de otra manera.

La caridad es un multiplicador de las otras tres *C's* dentro del modelo. Sin ella, las tres *C's* iniciales ayudarán, pero no llegarán muy lejos. Con ella, y un alto nivel de ella, las otras tres *C's* crearán una poderosa cultura que puede transformar cualquier organización. El impacto multiplicador de la caridad es real.

Como señaló Dan, a veces los líderes bien intencionados malinterpretan la caridad y creen que los anima a evitar la confrontación o a tomar medidas en caso de un mal desempeño. O, en otras palabras, la caridad permite no hacer responsable a la gente en nombre de la bondad. Esto no podría estar más lejos de la verdad.

Primero, no ayudar a la gente a rendir bien e ignorar sus errores no son actos de bondad. Simplemente hacen que la gente fracase, lo cual es muy poco amable. Segundo, un líder puede realizar cualquier acto con o sin caridad. Un líder puede celebrar con o sin caridad, puede terminar el empleo de alguien con o sin caridad, y puede entrevistar a alguien con o sin caridad. No se trata de la acción, sino de nuestra forma de ser durante esa acción. Es cuando tenemos caridad que el impacto de las acciones que realizamos resultará en los resultados más favorables, independientemente de las acciones en sí.

¿La caridad hará que todo sea perfecto? Por supuesto que no. Cuando se actúa con caridad, ¿la gente nunca se enfadará o se sentirá despreciada, infeliz o descontenta? Por supuesto que no. Pero mantendrá esas emociones y sentimientos negativos tan bajos como sea posible, y esto beneficiará al líder y a la organización.

Recuerda, la caridad se trata de cómo un líder y la organización ven a las personas y si las ven como se ven a sí mismos. ¿Ves y tratas a las personas como personas o como objetos? La gente puede saber si la verdadera caridad existe en una organización (o en un líder). No se puede fingir.

Las Cuatro *C's*

Las cuatro *C's* trabajan juntas y se construyen una sobre la otra. Se apoyan mutuamente. Tratar de determinar si una acción o comportamiento ayudará a establecer una *C* u otra no siempre es posible ya que hay muchas cosas que los líderes y organizaciones hacen que pueden ayudar a reforzar y establecer dos o tres o las cuatro a la vez. Un viaje anual de celebración de liderazgo a Costa Rica cada vez que se cumplen los objetivos de la empresa, por ejemplo, podría ayudar a establecer no solo la celebración, sino también la consistencia, la claridad y la caridad. Debes saber que tratar de aislar un elemento específico y establecerlo sin influir en otros es casi imposible. Una vez más, cada elemento se basa en los demás y los apoya, y hay medidas y sistemas que los dirigentes pueden adoptar para ayudar a promover y establecer las cuatro *C*.

Recuerda, cualquier cosa que hagas para crear claridad, consistencia, celebración y caridad te ayudará como líder y como organización. Por otro lado, cualquier cosa que hagas que quite o disminuya la claridad, la consistencia, la celebración o la caridad, dañará tus resultados.

Tanto si eres un supervisor de primera línea, diriges tu propia pequeña empresa, estás a cargo de una gran división o diriges una corporación, aplicar el modelo de las cuatro *C's* te ayudará a convertirte en un líder transformador y duradero.

Reconocimientos

¿Por dónde empiezas cuando tienes tanta gente que ha formado tu comprensión, tu proceso de pensamiento, tu carácter y tu carrera? ¿Cómo enumeras los cientos, incluso miles de personas que de alguna manera han tocado o influido en su vida y han dado forma a este libro de alguna pequeña manera? Es difícil saber por dónde empezar.

Me gustaría dar las gracias en primer lugar a mi esposa. Lisa, has sido mi animadora, entrenadora, consejera sabia y amiga. A lo largo de este loco proceso has estado ahí para desafiar mis pensamientos, cuestionar mis historias, empujarme a mejorarlo, y finalmente darme tu apoyo incondicional de que este proyecto valía la pena y necesitaba ser completado. ¡Gracias!

Me gustaría dar las gracias a dos de mis buenos amigos que se han tomado el tiempo de sus apretadas agendas para colaborar y ayudarme: Rico Maranto y Eric Gillis. Sus ideas fueron invaluables. Gracias por ayudar en este proyecto y por ser mentores y ejemplos de gran liderazgo.

Necesito agradecer a mis hijos, que soportaron a un padre que estuvo encerrado en su oficina durante muchas horas cuando todo lo que querían era jugar, que estuviera con ellos o hablar. Solo espero poder aplicar el modelo de las cuatro *C's* de manera efectiva en nuestra casa para que se beneficien de tener un buen padre.

Mis padres siempre han sido un instrumento en mi vida y me han apoyado en casi todo lo que he elegido hacer. Han dado forma a mi proceso de pensamiento y comprensión como líder más que nadie. Gracias por siempre proveer claridad, consistencia, celebración y caridad en mi vida.

Gracias a mis hermanos y a sus cónyuges por su apoyo y aporte inquebrantable. La fuerza constante que nuestra familia ofrece en todas las cosas que hago es una bendición en mi vida.

Sería negligente si no agradeciera a los varios editores, diseñadores y otros que han ayudado en la creación de este libro. Su toque personal y sus mejoras han sido invaluables.

Necesito agradecer a Dios por su gracia y bondad con un alma muy imperfecta. A lo largo de este proceso he sentido su mano guiadora y su influencia.

Finalmente, a todos aquellos con los que he tenido el privilegio y el honor de trabajar a lo largo de mi carrera y mi vida. Nombrar a todos ustedes sería completamente imposible, pero saben quiénes son. ¡Gracias por enseñarme lo que se necesita para ser un jefe increíble!

Sobre el Autor

Tim Burningham es fundador y presidente del Centro de Cultura Empresarial, una empresa de consultoría de gestión especializada en la cultura organizativa y el desarrollo del liderazgo. Como gerente, líder y director general experimentado, Tim tiene experiencia real en la dirección de múltiples equipos en un entorno de trabajo competitivo. Ha ayudado a muchas organizaciones a obtener una ventaja competitiva a través de la construcción de una cultura saludable en el lugar de trabajo. El enfoque práctico, sencillo y directo de Tim ha ayudado a los líderes y a las organizaciones a abordar algunos de sus mayores desafíos, como la retención y el compromiso de los empleados, el liderazgo, el trabajo en equipo y más.

Tim vive en el área de Houston, Texas con su esposa, Lisa, y sus cinco hijos.

Para obtener más información sobre Tim y el Centro para la Cultura de la Empresa, visita www.TheCenterforCompanyCulture.com o conéctate con él en LinkedIn.

The Center for Company Culture

The Center for Company Culture se dedica a ayudar a las organizaciones a acelerar sus resultados mediante un liderazgo eficaz y la creación de una cultura fuerte y saludable. Para conocer más sobre nuestros productos y servicios, visita nuestro sitio web en: TheCenterforCompanyCulture.com.

Para más información sobre el Modelo de las Cuatro *C's* para el Éxito del Liderazgo, por favor contacta con Tim en: Tim@TheCenterforCompanyCulture.com.

También, puedes aprender más en **BeAnAwesomeBoss.com**.

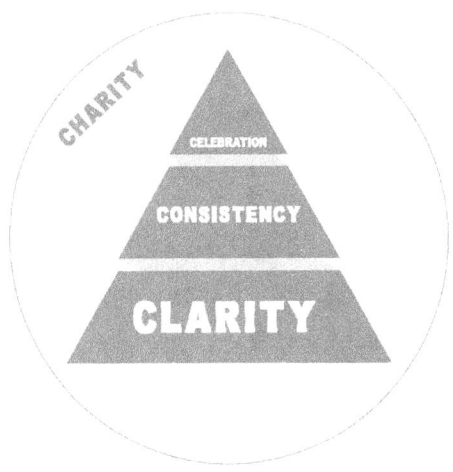